Cómo ser un Líder de Alto Impacto

Descubra el secreto...

Dave Earley

CLC EDITORIAL
CENTRO DE LITERATURA CRISTIANA

CENTRO DE LITERATURA CRISTIANA
en países de habla hispana

Colombia:	Centro de Literatura Cristiana ventasint@clccolombia.com editorial@clccolombia.com Bogotá, D.C.
Chile:	Cruzada de Literatura Cristiana santiago@clcchile.com Santiago de Chile
Ecuador:	Centro de Literatura Cristiana ventasbodega@clcecuador.com Quito
España:	Centro de Literatura Cristiana madrid@clclibros.org Madrid
Panamá:	Centro de Literatura Cristiana director@clcpanama.net Panamá
Uruguay:	Centro de Literatura Cristiana libros@clcuruguay.com Montevideo
USA:	CLC Ministries International churd@clcpublications.com Fort Washington, PA
Venezuela:	Centro de Literatura Cristiana distribucion@clcvenezuela.com Valencia

EDITORIAL CLC COLOMBIA
Diagonal 61 D Bis No. 24-50
Bogotá, D.C., Colombia
www.clccolombia.com

ISBN: 978-958-8217-69-7

Cómo Ser un Líder de Alto Impacto, ***descubra el secreto*** por Dave Earley

Edición y Diseño Técnico: Editorial CLC Colombia
Impreso en Colombia
Printed in Colombia

Somos miembros de la Red Letraviva: www.letraviva.com

Contenido

AGRADECIMIENTOS

Hay muchas personas a las cuales debo agradecer por formar mi vida de oración y hacer que este libro fuera posible. Gracias a Lee Simmons, Roy Rhoades, Drew Aquino y Steve Ebert, quienes me llevaron a iniciar una vida de oración. Estoy profundamente agradecido con los grandiosos hombres que me guiaron por la senda de la oración, tanto los que aparecen en la Biblia, como los que son parte de la historia de la iglesia y los que están haciendo historia en la actualidad.

También estoy agradecido con mis estudiantes en la Universidad y en el Seminario Teológico Liberty porque me han desafiado a vivir lo que enseño. Estoy en deuda con quienes han servido y trabajado a mi lado en el Centro para el Entrenamiento Ministerial: David Wheeler, Neil Grobler, Chip Stallings, David Brinkley, Don Hicks, y Gabriel Turner. Siento mucha gratitud con Dan Penwell y la junta directiva de AMG quienes ministran con intensa pasión por la edificación de la iglesia. Gracias a mis jefes, Dr. Ergun Caner, Dr. Elmer Towns y Dr. Daniel Mitchell por darme la oportunidad de investigar y enseñar esta información.

Quiero agradecer especialmente a mi preciosa familia por creer en mí cuando nadie más lo hace.

Introducción

¿Tiene usted un profundo deseo de influir en otras personas para que conozcan a Dios? ¿Le gustaría llegar a ser un líder más efectivo? ¿Su pasión es afectar de forma positiva a nivel espiritual las vidas de la mayor cantidad posible de personas? Si sus respuestas son afirmativas, me gustaría ayudarle a lograr esos objetivos. Quizá, mejor debería decir que Dios le ayudará a cumplir esos propósitos. Ahora bien, es necesario que usted siga el plan divino y que use la herramienta que Él ha prescrito como el instrumento innegociable que todo líder de alto impacto debe tener en su caja de herramientas; es decir, la oración.

"El liderazgo es sinónimo de influencia"

Esas fueron las palabras que brotaron como un gemir de aquel hombre cuya voz había perdido casi todo su poder, aunque ese hecho no nos importaba a ninguno de los que habíamos venido a escucharlo. Muchos están de acuerdo en que el expositor J. Oswald Sanders (1917-1992) fue uno de los mejores líderes cristianos al igual que uno de los más efectivos maestros sobre el tema del liderazgo en el siglo veinte. El Dr. Sanders ejerció liderazgo durante casi sesenta años y fue autor de más de cuarenta libros sobre la vida cristiana. Renunció a un prometedor futuro como abogado en su tierra natal en Nueva Zelanda para dedicarse a ser expositor y administrador en el Instituto Bíblico de esa ciudad. Tiempo después llegó a ser director general de la Misión al Interior de China (la cual ahora es conocida como OMF Internacional) y fue un instrumento útil para iniciar muchos nuevos proyectos misioneros en Asia oriental.

Cuando me enteré de que vendría a mi región, reorganicé todos mis horarios para ir a escuchar la enseñanza de este veterano líder y maestro, con respecto al liderazgo; la charla que compartió en esa ocasión fue una de las exposiciones más largas que hizo antes de partir al cielo. Aunque no tenía la robustez física de los años de juventud, Sanders no nos desilusionó. En su conferencia compartió varios principios de tanta sensatez que se convirtieron en algo inolvidable.

"El liderazgo es sinónimo de influencia"[1], exclamó con una pasión penetrante. Luego, continuó: "Puesto que el liderazgo es la habilidad de mover e influir en las personas, el líder espiritual necesita estar alerta para descubrir las formas más efectivas de lograr ese objetivo".[2] Finalmente, llegó a la cúspide de su exposición al compartir su idea más importante, "La oración actúa en los hombres porque insta a Dios para que obre en ellos".[3]

Por favor lea una vez más, la última aseveración, lentamente porque esa es la idea principal de este libro. El liderazgo es sinónimo de influencia y una de las formas más poderosas de influir en otros espiritualmente es por medio de la oración. Por eso, es preciso que los líderes cristianos oren para que logren guiar efectivamente a sus seguidores y para que los estimulen a conocer a Dios. Si los líderes quieren guiar a las personas de la forma correcta, deben aprender a orar.

En los últimos treinta años, he estudiado las vidas de muchos de los grandes hombres de Dios desde Abraham hasta Billy Graham. Mi conclusión y mi convicción es que la oración es el secreto eterno (y usualmente ignorado) del liderazgo espiritual de alto impacto. Es cierto que los actos de valentía, la fe osada, los dones espirituales, y las capacidades con unción ayudan a que los líderes ejerzan una fuerte influencia espiritual. Estoy de acuerdo con el hecho de que es importante que haya planes sabios, integridad, pasión ferviente, y propósitos claros. Es necesario definir y compartir una visión, identificar los valores que sustentan nuestra labor y construir un equipo. Pero el común denominador de los grandes líderes espirituales y de aquellos que ejercen una influencia espiritual dinámica durante muchas décadas, es una vida de oración, porque la oración es el acto perenne e indestructible de los líderes que alcanzan un alto nivel de efectividad. De hecho, no debemos minimizar su importancia; por el contrario, es necesario priorizar y practicar la oración para lograr el máximo impacto posible.

La oración, el común denominador

Es claro que la oración no es la única actividad que realiza el liderazgo pero indudablemente sí es la característica que tienen en común los que logran marcar la diferencia en cada generación y en el lugar al que pertenecen. Dudo que sea posible encontrar un líder de gran efectividad en la Biblia o en la historia que no haya sido un hombre de oración. Este hecho es tan real hoy como lo fue hace dos mil años. Escuche las voces de reconocidas autoridades en el mundo de los líderes espirituales.

Henry Blackaby asevera: "La vida de oración determina la efectividad de los líderes por encima de cualquier otra actividad que realicen".[4] Peter Wagner (1930-dijo: "Los grandes líderes oran".[5] Charles Swindoll (1934-), autor de muchos libros que están entre los más vendidos, pastor de una mega iglesia y presidente del Seminario Teológico de Dallas en el pasado, escribió: "La oración... es absolutamente esencial en la vida de un líder".[6]

Wesley Duewel, quien fue el líder de OMS internacional, una inmensa agencia misionera, escribió lo siguiente con relación a la importancia de la oración en la vida de un líder: "Su utilidad como líder depende de la oración"[7] y "la efectividad de su ministerio depende de su vida espiritual".[8] El líder cristiano del siglo diecinueve, Andrew Murray (1828-1917), dijo que la oración en la vida del líder debería ser considerada "el elemento supremo de la labor que nos ha sido encomendada, la raíz de toda nuestra fuerza y de nuestra tarea... Nada de lo que debemos estudiar y practicar se compara con el arte de orar bien".[9]

J. C. Ryle (1816-1900), otro famoso líder cristiano del siglo diecinueve, escribió:

> "He leído las vidas de muchos cristianos eminentes que han estado en la tierra desde los tiempos bíblicos. Aprendí que algunos fueron ricos y otros pobres; unos fueron educados y otros no... algunos eran calvinistas y otros arminianos... pero también aprendí que todos ellos tenían algo en común. Habían sido hombres de oración".[10]

E. M. Bounds (1835-1913), que pasó los últimos años de su vida encerrado y dedicado a estudiar, escribir y orar, señaló: "Una gran vida de oración es la marca de los grandes líderes de Dios".[11] También aseveró: "La historia del Antiguo Testamento está llena de relatos sobre santos de oración. Los líderes de Israel en aquellos días eran reconocidos por sus hábitos de oración. La característica más prominente en las vidas de esos hombres fue la oración... en esencia eran hombres de oración".[12]

Un estudio de los líderes espirituales que han sido verdaderamente grandes revela que sus dones, talentos, personalidades, educación, historia y estrato social eran todos muy diferentes. Pero todos ellos tenían algo en común y es que eran hombres de oración. Estoy de acuerdo con J.O. Sanders, quien concluyó que "la excelencia de los líderes en la Biblia se puede atribuir al hecho de que ellos eran constantes en su oración".[13] Mi meta al escribir este libro es sencilla; espero motivar a los líderes cristianos a orar con más fervor, más frecuencia, más efectividad y más inspiración de lo que lo han hecho en el pasado. Quiero llevarlos a que intensifiquen sus vidas de oración porque cuando una persona mejora su vida de oración, puede influir con mayor poder en el reino de Dios.

Funciona

Desde que tenía 16 años y tuve la oportunidad de dirigir un grupo de estudio bíblico con adolescentes en el colegio al cual asistía, he sido consciente de la relación que hay entre la oración y el impacto que se puede lograr en las vidas de las personas. Yo acababa de comprometerme con Dios y era totalmente incapaz de transformar la vida de alguien; por eso no tenía otra opción distinta de orar. Descubrí que entre más oraba, más actuaba Dios. Mi grupo de dos personas se convirtió en varios grupos de más de treinta personas. Muy pronto la mayoría de los estudiantes de secundaria del colegio estaban andando con Dios. En mi labor como pastor de discipulado en una universidad, sembrador de iglesias, y pastor de una congregación, constantemente he tenido que recordar que la efectividad de mi liderazgo fluye de mi vida de oración. Cuando oré bien, el impacto incrementaba y cuando dejaba de orar, la efectividad disminuía.

He desarrollado mi labor de líder en una iglesia rural, en un campus universitario, en una mega iglesia citadina, y en otros sitios tan diversos como las calles de la ciudad de Nueva York, las plazas de mercado de Inglaterra e iglesias nacientes a lo largo del país. He entrenado pastores y líderes eclesiales en casi todos los cincuenta estados de los Estados Unidos y en muchos países extranjeros. Una y otra vez he visto la misma cosa; sin importar la diferencia en los factores, la oración es el elemento común del liderazgo espiritual efectivo. Bien sea que usted lidere un pequeño grupo o una universidad completa, es la oración la que marca la diferencia.

Nueve disciplinas de oración De los líderes espirituales de alto impacto

Mi madre era librera y a mí siempre me han encantado las biografías. Durante los pasados treinta años, he acabado cerca de una docena de Biblias leyendo las historias de los líderes de Dios desde Noé hasta los hombres de la iglesia primitiva. También he leído decenas de biografías de líderes espirituales desde Jesús hasta las versiones de las historias de gigantes como John Wesley, Charles Spurgeon, Hudson Taylor y D. L. Moody. En mi búsqueda de los factores que los hicieron tan exitosos, he identificado nueve disciplinas de oración que eran comunes en las vidas de los hombres que han guiado a personas hacia Dios, de la forma más efectiva. Su vida de oración se renovará, fortalecerá, intensificará y enfocará cuando aplique estas nueve lecciones que usualmente son ignoradas. Usted también se volverá un líder espiritual más efectivo.

Sólo Dios puede juzgar la verdadera grandeza de un líder. En este libro simplemente intenté estudiar muchos de los nombres más reconocidos en la Biblia y en la historia de la iglesia. Todas las personas que escogí ejercieron un profundo impacto espiritual y cubren una variedad de posiciones en el liderazgo desde misiones, pastorado, educación hasta ministerios pro-eclesiales. También pertenecen a diversas escuelas en el espectro teológico del cristianismo. Las citas y las anécdotas provienen de líderes sobre los cuales pude encontrar suficiente información y evidencia con respecto a sus vidas de oración. Algunas de las personas incluidas guiaron obras gigantescas en tanto que otras condujeron ministerios más pequeños. Pero todos ellos produjeron un cambio espiritual significativo.

En este libro uso anécdotas, citas y ejemplos de las vidas de setenta y siete líderes espirituales. Parte de mi información proviene de esos gigantes espirituales. También he usado algunos recuentos de líderes menos reconocidos, incluyendo mi propia vida. De ninguna forma me considero un gigante espiritual; estoy lejos de esa realidad. Soy una persona común y corriente semejante a usted, con un deseo de llegar a ser un líder que tenga una mejor capacidad de generar un impacto cada vez mayor para Dios.[14]

CAPÍTULO 1

Valore el Poder de la Oración

Si quiere maximizar su impacto, priorice su vida de oración

He entrenado pastores, misioneros, juntas directivas eclesiales y líderes de grupos pequeños en los Estados Unidos y en muchas otras partes del mundo. Cuando hablamos sobre la oración, todos están de acuerdo en que la oración es de suma importancia. Sin embargo, los líderes cristianos usualmente son dados a hacer muchísimas cosas, excepto orar. Hay muchas encuestas sobre la oración; veamos una de estas que concluyó que el pastor promedio ora tan sólo siete minutos al día.[1] Que el ochenta por ciento pasa menos de quince minutos diarios en oración.[2] Otra más generosa arrojó que los pastores oran en total treinta y siete minutos diariamente, que sólo el dieciséis por ciento se siente satisfecho con su vida personal de oración y que el veintiún por ciento, usualmente pasa quince minutos o menos, al día, en oración.[3]

No sé a ciencia cierta cuál de todas las encuestas es la más exacta o real, pero veo que todas ellas nos pueden dar un buen indicio de que la mayoría de los pastores ora muy poco.

Con razón tantos se sienten desalentados y algunos se cansan y renuncian. Los expertos en iglecrecimiento dicen que el ochenta y cinco por ciento de las iglesias en Estados Unidos están disminuyendo su tamaño. Del quince por ciento que está creciendo, sólo el uno por ciento es resultado de conversiones nuevas.[4] ¿No es, acaso, posible que la *inefectividad en nuestro ministerio* se deba a nuestra *falta de oración*?

Si todos los líderes espirituales tuviesen características similares, lo que marcaría la diferencia entre su efectividad y su inefectividad sería la oración. Cuando organice todas sus herramientas personales para el liderazgo, cerciórese de incluir la oración; cuando evalúe su posible impacto como líder, no olvide la oración. Si quiere maximizar su influencia, convierta su vida de oración en algo prioritario y recuerde que los líderes espirituales efectivos valoran el poder de la oración.

La oración es la tarea más importante del líder espiritual

Hay muchas tareas importantes para el líder que quiere ser efectivo; entre otras, encontramos la planeación, la visión, la selección, la formación de un equipo, la comunicación y la creación de políticas de trabajo. Pero el liderazgo cristiano es un trabajo *espiritual* que depende de herramientas *espirituales* y ninguna herramienta espiritual es tan significativa o poderosa como la oración. Andrew Murray nos recuerda, "en el trabajo espiritual todo depende de la oración".[5]

La importancia de la oración para el liderazgo espiritual efectivo se evidencia en cada uno de los niveles del liderazgo cristiano. Por ejemplo, una encuesta realizada a líderes de grupos pequeños reveló una interesante correlación entre el tiempo que se pasa en oración y la multiplicación de los grupos. La encuesta demostró que los líderes que pasaban noventa minutos o más en su devocional diario multiplicaban sus grupos el doble de rápido en comparación con los que pasaban menos de media hora.[6]

Tomar tiempo para orar marca la diferencia; el éxito en esa área producirá éxito en las otras áreas y el fracaso hará que sea casi imposible no fracasar en otras áreas. Las responsabilidades de los líderes espirituales tienen profundas ramificaciones eternas. La carga por las almas es muy compleja y confusa; es inmensa y agotadora. Richard y Henry Blackaby definen el problema con toda claridad cuando escriben:

> *"Habrá momentos en los que los líderes agotarán sus propios recursos. En esos momentos, entenderán que no pueden hacer nada más por las personas que tienen a su cargo; las enseñanzas no solucionarán el problema. Dar "memos" no cambiará nada. Acudir a consultores expertos, será inútil. Sencillamente hay algunas cosas que sólo se pueden lograr a través de la oración."*
>
> (Salmo 50:15).[7]

La oración es la actividad de mayor influencia que un líder puede realizar

Cuando considero la inmensa responsabilidad que hay al tratar de influir a otras personas para Dios, me siento estupefacto porque veo claramente mi incapacidad. ¿Quién soy yo para ejercer una real influencia sobre el mundo? La respuesta es que no soy nadie; pero conozco a Alguien que si puede hacerlo: Dios. Él puede lograr más en una fracción de segundo que lo que yo puedo hacer en años de esfuerzo. Él lo puede hacer mejor, con mayor resplandor y de forma más permanente, de lo que pueda imaginar. Así que la pregunta correcta es ¿cómo puedo lograr de alguna forma, influir en

Dios para que Él impacte las vidas de las personas de las cuales soy responsable? Por supuesto, la respuesta es, la oración.

Charles Spurgeon (1834-1892) fue un increíble y efectivo líder espiritual que se desempeñó como pastor de una de las pocas mega iglesias de su época; también fue el fundador de una universidad para el entrenamiento de pastores. Al hablar sobre la capacidad de producir resultados que tiene la oración, dijo "*es el delgado y fino nervio que mueve los músculos de la omnipotencia*".[8]

R.A. Torrey (1856-1928) fue un pastor, evangelista, educador y escritor nacido en Estados Unidos. Se desempeñó como director del Instituto Bíblico de la Sociedad para la Evangelización de Chicago (conocido en la actualidad como el Instituto Bíblico Moody); fue también decano del Instituto Bíblico de Los Ángeles (conocido en la actualidad como Biola University). Pastoreó dos de las iglesias más grandes e influyentes de su época, la Iglesia de *Chicago Avenue* (conocida en la actualidad como Iglesia Memorial Moody) y la Iglesia *Puertas Abiertas* en Los Ángeles. Torrey realizó una declaración asombrosa al decir: "*La oración es la llave para abrir los depósitos de la infinita gracia y el poder de Dios. Todo lo que Él es y todo lo que hace está a nuestra disposición por medio de la oración pero debemos aprender a usar la llave. La oración puede lograr cualquier cosa que Dios pueda hacer y, puesto que Dios tiene la capacidad de hacer cualquier cosa, la oración es omnipotente*".[9]

Hudson Taylor (1832-1905), el misionero inglés que realizó su ministerio en China, fue el fundador de la Misión Interior, la cual llegó a ejercer una influencia milagrosa de Dios en ese país. A su muerte, la misión incluía 205 estaciones misioneras con más de 800 misioneros y un número total de 125.000 chinos convertidos al cristianismo. La pregunta que debemos formularnos es ¿cómo logró tal hazaña? La respuesta nos la dio él mismo cuando afirmó: "*es posible mover a los hombres, hacia Dios, sólo mediante la oración*".[10]

Las palabras del famoso hombre usado por Dios para traer un avivamiento, *Leonard Ravenhill*, (1907-1994) nos recuerdan que "*la oración es tan grande como lo es Dios* porque Él se encuentra detrás de ella. La oración es tan poderosa como Dios porque Él mismo se comprometió con ella".[11]

Los historiadores de la iglesia siempre han reconocido a *Juan Crisóstomo* (347-407) como uno de los predicadores más elocuentes y poderosos que han vivido en este planeta. Él entendía el maravilloso poder que está a nuestra disposición en la oración.

> *"El poder de la oración ha sometido la potencia del fuego, vencido la furia de leones, silenciado la anarquía, extinguido las guerras, apaciguado el clima, expulsado demonios, destruido las cadenas de la muerte, ampliado las puertas de los cielos, sanado enfermedades, destruido farsas, salvado ciudades de la destrucción, mantenido el sol en su curso y refrenado el daño de rayos y truenos. La oración es un escudo suficiente, un tesoro que no se acaba, una mina que nunca se extingue, un cielo que jamás se oscurece por las nubes, un firmamento que no es azotado por las tormentas. Es la raíz, la fuente, la madre de un millar de bendiciones."*[12]

la oración nos ahorra tiempo

Hoy en día todos tienen una vida muy ocupada, especialmente los líderes. Siempre hay una nueva reunión a la cual se precisa asistir, una persona que visitar, otro evento que se debe planear, etc. Parecería que nunca tenemos tiempo suficiente. Una de las excusas más grandes que las personas esbozan para no orar lo suficiente es que están demasiado ocupadas. Tal aseveración revela un terrible malentendido sobre la naturaleza y el poder de la oración. Pensar que estamos muy ocupados como para dedicarnos a la oración, demuestra que no hemos entendido que la oración en realidad ahorra tiempo y esfuerzo. La oración le permite a Dios hacer más en días, horas, minutos o incluso segundos de lo que nosotros podríamos hacer en meses o años de trabajo. ¿Cuán a menudo hemos tenido la experiencia de enseñar, motivar y aconsejar personas con muy poco o ningún resultado? ¿Cuán a menudo hemos compartido nuestra fe y al parecer hemos logrado muy poco o ningún efecto en las vidas de los demás? Pero, cuando Dios se mueve, ayuda a las personas a efectuar cambios en tiempos que nosotros no lograríamos que ellos realizaran en años. La oración es una herramienta poderosa para ahorrar tiempo. Cuando entendemos este principio, aprendemos a decir: "estoy demasiado ocupado como para *no* orar".

Martín Lutero (1483-1546) se erige como uno de los gigantes en la historia de la iglesia. El, altamente influyente y activo, pastor, autor y padre de la reforma protestante, entendió el poder de la oración como algo muy útil para ahorrar tiempo y energías. Cuando se le preguntaba sobre sus planes para la siguiente semana, Lutero solía decir que usualmente pasaba dos horas al día en oración. Pero al llegar la siguiente semana, Lutero se encontraba mucho más ocupado y entonces decía: "*Trabajar y trabajar desde la mañana hasta la noche; de hecho, tengo tantas cosas por hacer que voy a pasar las primeras tres horas del día en oración*".[13]

¿Tres horas en oración en un día ocupado? El pastor promedio quizá pase tres horas en oración durante una semana de descanso. Tal vez Martín Lutero entendía algo que usted y yo debemos comprender. Pasar tiempo en oración puede ser el mejor mecanismo que tenemos a nuestra disposición para ahorrar tiempo. Dudo mucho que al llegar al final de su vida alguien vaya a exclamar: "¡Oh, oré en exceso!". Más bien sucederá que en ese momento muchos digan: "Oré muy poco". ¿Qué sucedería si usted orara más que nunca antes en su vida? ¿A quién le haría daño y a quién le ayudaría?

La oración es omnipresente

Casi todos los veranos tengo el maravilloso privilegio de pasar unos pocos días entrenando obreros que van a los pueblos menos alcanzados de la tierra: hindúes, musulmanes y budistas. Estos líderes son algunos de los grandes héroes desconocidos de Dios. Usualmente algunos misioneros "retirados" nos acompañan. Una noche estaba cenando con una pareja de esposos que habían entregado sus vidas al propósito de plantar iglesias en Irán. Esa dulce pareja me contó con profunda humildad y gozo cómo sólo hasta ahora estaban viendo que las semillas de su labor germinaban y se convertían en iglesias en todas las regiones en las que desarrollaron su ministerio. Les mostré mi ignorancia al decirles: "Imagino que extrañan la experiencia de estar en esa tierra sirviendo y animando a los santos". El esposo movió su cabeza y me explicó: "Bendecimos a Irán todas la mañanas y todas la noches, de rodillas, en las oraciones que hacemos en el cuarto de nuestra casa. Nuestro ministerio a los iraníes es mucho más grande hoy de lo que fue cuando vivíamos en Irán".

Los líderes efectivos entienden el alcance ilimitado de la oración. Como líder, suele frustrarme el hecho de que no puedo estar en dos lugares al mismo tiempo; pero Dios sí puede hacerlo. Como padre mi limitación es que no puedo estar con mis hijos cuando salen para el colegio o el trabajo; pero Dios sí puede hacerlo. Uno de los aspectos más asombrosos de la oración es que es no está limitada al tiempo, el lugar o la distancia. La oración invita a Dios a trabajar en las vidas de las personas incluso cuando en ese momento no estén en una reunión de la iglesia o de un grupo pequeño. Es imposible que usted se reúna 24 horas al día con todas las personas que lidera; pero Dios sí puede estar con ellos. Es imposible que usted esté en dos lugares al tiempo pero Dios no tiene esa limitación.

Resulta emocionante pensar que puedo estar de rodillas en Virginia y al mismo tiempo estar ministrando pastores en África o animando misioneros en Asia. S. *D. Gordon* entendía esto muy bien y por eso dijo: "*La oración hace que todo el planeta esté disponible para que el hombre desarrolle sus actividades*".[14]

Wesley Duewel (1918 -) ha sido un líder de alto impacto en el mundo de las misiones durante casi siete décadas. Él entiende las posibilidades ilimitadas de la oración con respecto a la geografía. "*Por medio de la oración, usted puede acompañar cualquier misionero a los confines de la tierra. Por medio de la oración, usted puede andar en medio de mercados atiborrados de personas, ministrar en junglas húmedas, alimentar millones de hombres, mujeres y niños hambrientos de pan para su cuerpo y del Pan de Vida para sus almas*".[15]

La oración es el factor determinante

Entre más estudio el tema del liderazgo espiritual y veo cómo funciona en la vida diaria, más me convenzo de que la oración es el factor determinante; es el elemento que marca la diferencia entre lograr una transformación profunda o simplemente cambios superficiales. La oración hace la diferencia entre un interés temporal y un cambio duradero con relación a las cosas de Dios, y es también el factor que marca la diferencia entre la mediocridad y la grandeza. Entre más oramos, más trabaja Dios en las vidas de las personas, y entre más trabaja Dios, mejor será el resultado. Nos equivocamos porque no logramos reconocer la maravillosa conexión que existe entre el actuar de nuestro Dios omnipotente y nuestras oraciones. El profeta Ezequiel enseñó que las oraciones de un solo intercesor habrían sido el factor determinante para liberar a Israel del cautiverio de Babilonia.

> *Y busqué entre ellos hombre que hiciese vallado y que se pusiese en la brecha delante de mí, a favor de la tierra, para que yo no la destruyese; y no lo hallé. Por tanto, derramé sobre ellos mi ira; con el ardor de mi ira los consumí; hice volver el camino de ellos sobre su propia cabeza, dice Jehová el SEÑOR.* (Ezequiel 22:30-31)

Lea nuevamente esos versículos con detenimiento. Piense en el hecho de que un solo hombre que se pusiera a la brecha podría haber detenido el cautiverio de Babilonia; pero las últimas cuatro palabras del versículo 30 nos enseñan algo muy triste: "*Y no lo hallé*".

A lo largo de los años he descubierto que no soy el único que cree que la oración es el factor determinante. Esta verdad resuena desde un extremo de la escala teológica hasta el otro. En uno de los polos del continuo teológico encontramos a *Juan Wesley* (1703-1791), quien escribió: "Dios no hará nada en la tierra, excepto como respuesta a la oración de fe". En el otro polo encontramos a Juan Calvino (1509-1564), quien en su libro *Instituciones de la Religión Cristiana* afirma: "Las palabras no alcanzan a explicar cuán necesaria es la oración... aunque Dios nunca duerme ni se cansa, se mantiene inactivo, como si nos olvidara, cuando ve que somos perezosos y mudos". [16]

Billy Graham (1918-) dijo: "*En la actualidad el mundo avanza de forma vertiginosa dirigido por los sucesos de la historia. Sólo hay un poder disponible para transformar el curso de esos eventos, y es el poder de la oración...*"[17]

Muchos otros han estado de acuerdo con él. Lea cuidadosamente sus palabras:

Cuando oramos, estamos trabajando junto a Dios para determinar el futuro. Ciertas cosas sucederán en la historia si oramos correctamente. Richard Foster[18]

Cuando Dios encuentra una persona que decide que su prioridad es una vida de comunión íntima, personal y dinámica con Él, dirige su poder, guía y sabiduría hacia y por medio de esa persona porque en ese momento acaba de encontrar un hombre a través del cual puede cambiar el mundo. LeRoy Eims.[19]

Usted y yo podemos ayudar a decidir cuál de las dos cosas siguientes (la bendición o la maldición) sucedan en la tierra. Determinamos el que la bondad de Dios sea liberada para una situación específica o que prevalezcan Satanás y el pecado. La oración es el factor determinante… si no oramos, Él no actúa. Jack Hayford[20]

Dios se ha sometido, por su propia voluntad, a la ley de la oración y se ha obligado a responder las oraciones de los hombres. Ha dispuesto la oración como el medio por el cual hace cosas para los hombres, -a medida que oran-, que no haría de otra forma… el hombre tiene en su mano el poder de mover a Dios por medio de la oración para que obre según le plazca entre los hombres; ese actuar de Dios no sucederá si no oramos. E.M. Bounds[21]

No entiendo todo plenamente pero sé que entre más oramos, más obra Dios y entre más obra Dios mejor resultan las cosas. En muchos sentidos y niveles la oración *es* el factor determinante para el liderazgo espiritual.

La oración otorga sabiduría

Salomón se enfrentó a la difícil tarea de asumir el liderazgo de mano de una leyenda viviente, su padre, David. Dios de forma generosa prometió concederle a Salomón cualquier cosa que le pidiera. Entonces, con una humildad increíble, oró de forma sabia: "Dame ahora sabiduría y ciencia, para presentarme delante de este pueblo; porque ¿quién podrá gobernar a este tu pueblo tan grande?" (2 Crónicas 1:10). La solicitud de sabiduría que Salomón hizo agradó al Señor y le fue concedida en abundancia. A Dios le encanta responder las oraciones que los líderes hacen pidiendo sabiduría (Santiago 1:5).

La verdadera oración no sólo habla sino que también escucha. La oración nos conecta con Dios y Él lo sabe todo. Cuando aprendemos a escuchar en la oración, Dios nos concede sabiduría para los asuntos importantes. Entonces, tenemos una perspectiva nueva sobre una situación compleja o tenemos un nuevo entendimiento de las necesidades, las fortalezas, las luchas y el potencial de aquellos a los que tenemos el privilegio de liderar. Por medio de la oración podemos discernir la clave para abrir el corazón de una persona difícil o reconocer la persona correcta para una función o saber cuándo delegar una responsabilidad importante o descubrir a quién llamar al liderazgo.

Dios no hace nada en el ministerio si no hay oración

El ministerio es esencialmente una labor espiritual. La oración también es una labor espiritual. *David Jeremiah* (1941-) dirige una mega iglesia al sur de California y una universidad cristiana. Con respecto a lo más importante en el ministerio, escribe:

Revisé con mucho cuidado el Nuevo Testamento hace algún tiempo buscando las cosas que Dios hace en el ministerio, que no sean mediadas por la oración. ¿Quieren saber cuál fue mi hallazgo? No hay una sola cosa que Dios haga, que no sea en respuesta a la oración; absolutamente nada. No estoy diciendo que haya una o dos cosas que Dios haga sin que oremos pero que sea difícil encontrar esos ejemplos en la Escritura; estoy diciendo que no encontré un solo ejemplo de algo semejante. Todo lo que Dios hace en la obra del ministerio, lo hace por medio de la oración. Considere lo siguiente:

- *La oración es la forma en la que usted puede derrotar al diablo* (Lucas 22:23; Santiago 4:7).
- *La oración es el medio por el cual usted hace que los perdidos se salven* (Lucas 18:13).
- *La oración es el medio por el cual usted adquiere sabiduría*(Santiago 1:5).
- *La oración es el medio por el cual se puede restaurar a una persona que ha retrocedido en su andar con Dios* (Santiago 5:16-20).
- *La oración es el medio por el cual los santos se fortalecen* (Judas 20; Mateo 26:41).
- *La oración es el medio por el cual se logra obtener obreros para que vayan al campo misionero* (Mateo 9:38).
- *La oración es el medio por el cual se sanan los enfermos* (Santiago 5:13-15).
- *La oración es el medio por el cual logramos hacer lo imposible* (Marcos 11:23,24).

Dios ha sometido todo lo que quiere hacer en su vida a una sola cosa: la oración.[22]

Billy Graham es uno de los líderes más amados en estos tiempos. Ha sido llamado "el pastor de las naciones". En una ocasión dijo que su ministerio estaba cimentado en la difusión y la oración. Él cree en el poder ilimitado de la oración.

> *Se puede lograr más por medio de la oración que por cualquier otro medio porque la oración es nuestra arma más poderosa... En esta época moderna en la que vivimos, hemos aprendido a canalizar la fuerza de las poderosas cataratas del Niágara y a usar su potencia para nuestro bienestar. Hemos aprendido a capturar el vapor y a utilizar todo su poder para mover nuestras máquinas y conducir nuestros trenes. Hemos aprendido a contener los vapores de la gasolina en un cilindro y hacerlos explotar en el momento indicado para movilizar nuestros automóviles y nuestras tractomulas por las autopistas. Incluso hemos descubierto el secreto para liberar la energía del átomo, con la cual se pueden destruir ciudades y civilizaciones completas. Pero muy pocos hemos aprendido cómo desarrollar a plenitud el poder de la oración.*[23]

La oración es nuestra arma espiritual más poderosa

El apóstol Pablo no desconocía el conflicto espiritual en el cual estamos inmersos. Su historia incluye un naufragio, hambre, sed y severos castigos con el látigo. En cinco ocasiones soportó una brutal represión que consistía en recibir "cuarenta azotes menos uno". Fue golpeado tres veces con las varas romanas e incluso en una ocasión fue apedreado. Escribió muchas de sus cartas desde la prisión; de hecho, en su carta a la iglesia de Éfeso, explica la verdadera fuente del absurdo nivel de adversidad y oposición que enfrentaba: "Porque no tenemos lucha contra sangre y carne, sino contra principados, contra potestades, contra los gobernadores de las tinieblas de este siglo, contra huestes espirituales de maldad en las regiones celestes." (Efesios 6:12). Luego, entró en detalle y describió la protección que posee el creyente por medio de la armadura de Dios. Lo que resulta más interesante es que culmina su disertación sobre la batalla espiritual con un llamado a la oración.

> *Orando en todo tiempo con toda oración y súplica en el Espíritu, y velando en ello con toda perseverancia y súplica por todos los santos; y por mí, a fin de que al abrir mi boca me sea dada palabra para dar a conocer con denuedo el misterio del evangelio, por el cual soy embajador en cadenas; que con denuedo hable de él, como debo hablar.* (Efesios 6:18-21)

No hay una sola persona que haya ejercido liderazgo espiritual por un largo período de tiempo y no haya enfrentado un serio conflicto espiritual. Los líderes efectivos ganan a los perdidos y se reproducen al preparar a otros líderes para que ellos le ganen terreno a Satanás; obviamente, eso es algo que al diablo no le gusta. Los líderes espirituales efectivos reconocen la necesidad y el poder de la oración en la batalla espiritual.

Cada vez escuchamos más testimonios de cristianos y de iglesias enteras que están sujetas a opresiones demoníacas. Puesto que el ocultismo se ha hecho parte de la cultura diaria (tan sólo observe la clase de películas que se presentan en los teatros en la época de Halloween), las fortalezas del enemigo se han incrementado y multiplicado. Estamos presenciando un mayor nivel de ataque satánico sobre los líderes espirituales. Cada vez escucho más pastores lastimados y cónyuges en llanto que narran historias inquietantes y parecidas sobre enfermedades extrañas y oposición inexplicable. Cada vez más líderes, cuya formación teológica usualmente no reconoce este tipo de cosas, me cuentan sus luchas con fuerzas de la oscuridad en contextos difíciles.

Los líderes espirituales deben orar para evitar ser derrotados por los persistentes ataques de Satanás sobre ellos y sobre sus iglesias. Dejar de orar, en la batalla espiritual conduce al fracaso, porque Satanás no va a permitir que usted saquee el reino de él; se opondrá a su esfuerzo de crecer, multiplicarse, evangelizar y equipar a otros. Luchará por cada centímetro de terreno que usted le quiere quitar. Debemos orar no sólo por no perder terreno sino también para conquistarlo. En nuestras fuerzas no somos más fuertes que el enemigo, pero sí lo somos en las fuerzas que recibimos cuando oramos. Podemos tener éxito en nuestra lucha si la hacemos de rodillas; de hecho, podemos avanzar en nuestras rodillas. Hay sólo un arma que detendrá al enemigo y lo hará retroceder; esa arma se llama oración. Por eso, debemos *orar sin cesar.*

S.D. Gordon (1859-1936), un misionero estadista, viajó a muchos sitios que eran fortalezas de Satanás y obtuvo una profunda comprensión del poder vital de la oración en la batalla espiritual. Por eso, escribió: "*en su sentido más sencillo, la oración está relacionada con el conflicto. Cuando entendemos esta herramienta de la forma correcta, comprendemos que ella es el factor decisivo en el conflicto espiritual... La oración es el acto por el cual el hombre le entrega a Dios un espacio, en ese territorio por el cual luchamos en esta tierra...*"[24]

Chuck Smith (1927-) entiende la necesidad y el poder de la oración para vencer en la guerra espiritual. Por eso, ha dicho: "*Por medio de la oración usted puede avanzar con el madero de la cruz y demoler las fortalezas que el enemigo ha puesto sobre las vidas de los individuos, liberándolos del poder que los mantiene cautivos*".[25]

Dick Eastman (1946-) es el presidente del ministerio Cada Hogar para Cristo. Este ministerio internacional cuenta con un personal de tiempo completo de más de mil doscientas personas y más de catorce mil voluntarios asociados. A lo largo de su labor han distribuido de forma sistemática más de 2400 millones de mensajes del evangelio casa por casa en 196 naciones del mundo; lo cual ha dado como resultado más de 52.7 millones de tarjetas de conversión a Cristo que se han enviado a las muchas oficinas de CHC en los diferentes países y también ha producido más de 111.000 iglesias en pueblos pequeños. Él, prioriza la oración para vencer en el conflicto espiritual porque entiende el liderazgo, la oración y la batalla espiritual. Dick ha escrito: "*La oración no es tanto un arma más en la lista que conforma nuestro arsenal sino que es la batalla verdadera*".[26]

Necesitamos más hombres y mujeres de Dios que se entrenen en los asuntos de la batalla espiritual y se conviertan en poderosos guerreros de oración. Un líder misionero, inquieto por las enormes y terribles necesidades de nuestro mundo, exclamó: "*Al parecer tenemos diez mil principiantes en la oración por cada guerrero de oración*".[27] ¿Quiere usted convertirse en uno de esos guerreros?

Ore o renuncie

"También les refirió Jesús una parábola sobre la necesidad de orar siempre, y no desmayar." (Lucas 18:1). Ore o renuncie. Jesús sabía que esa era la decisión que sus discípulos debían enfrentar. Él sabía que el incesante rigor del arduo ministerio que realizarían los agotaría o los lastimaría si no aprendían a desarrollar una vida de oración. El ritmo de trabajo sería demasiado exigente; la oposición, demasiado brutal; los problemas de las personas, demasiado frecuentes y las necesidades, demasiado abrumadoras.

Si alguien ha conocido lo que significa orar o renunciar, sería *Joe McKeever* (1940-), un hombre que ministra pastores e iglesias tratando de animarles luego de la terrible destrucción ocasionada por el huracán Katrina en Nueva Orleáns. Joe escribe con profunda sabiduría:

> *El pastor es la persona que más necesita orar fiel y fervientemente. En primera instancia, su trabajo le pide más de lo que tiene y le exige más tiempo del que dispone. La persona que acepta el llamado de Dios al ministerio acepta vivir en un mundo de tareas que nunca se logran terminar; literalmente está sentenciada a vivir más allá de si misma. Por eso, es imposible que el pastor lleve tal clase de vida en sus propias fuerzas; la naturaleza del ministerio hará que el pastor desarrolle una intensa vida de oración o no sobrevivirá. Es tan simple como eso.*[28]

Sabemos que un creciente número de pastores abandonan el ministerio porque se queman o por fallas morales.[29] Un sorprendente y elevado número de ellos y sus cónyuges se sienten poco calificados, desilusionados y frustrados con sus funciones ministeriales.[30] Cerca del 25 por ciento han visto que su vocación se termina en algún momento. *Kevin Miller*, uno de los editores de la revista *Christianity Today* (Cristianismo Hoy), concluye que "*pastorear es muy semejante a ser el director técnico de un equipo profesional de fútbol porque parte del trabajo implica estar bajo una [intensa] presión*".[31] ¿Qué podemos hacer para que los que estamos en distintas posiciones de liderazgo no nos rindamos en medio de presiones tan fuertes? ¿Por qué no empezar justo donde Jesús lo sugirió: orando todo el tiempo para no desmotivarnos?

El líder misionero *Wesley Duewel* dice: "Su labor como líder cristiano es demasiado grande para usted. La inmensidad y majestuosidad de la tarea debe conducirlo a orar. Su vocación y llamado son demasiado sagrados para que usted los pueda desarrollar. Pero Dios está disponible para su ministerio si usted está dispuesto a pagar el precio".[32]

Usted puede marcar la diferencia y soportar. ¿Está dispuesto a pagar el precio mediante la oración?

¿Por qué no?

Mi objetivo al escribir este libro es muy sencillo. Quiero desafiarlo como líder a desarrollar una intensa y efectiva vida de oración. Pretendo instruirlo e inspirarlo a orar más a menudo, con mayor efectividad y de forma más contagiosa, de lo que lo ha hecho hasta ahora.

¿Por qué no hacer esa inversión?

¿Por qué no empezar ahora mismo?

¿Por qué no dedicar un poco de tiempo para orar por su vida de oración?

¿Por qué no ver menos televisión esta semana y pasar más tiempo orando?

¿Por qué no pasar menos tiempo en la Internet esta semana y pasar más tiempo orando?

¿Por qué no empezar cada día hablando con Dios?

¿Por qué no hablar con Dios de camino al trabajo esta semana?

¿Por qué no hablar con Dios mientras se queda dormido esta noche?

¿Por qué no separa unos cuantos espacios en su agenda para dedicarse a la oración esta semana?

¿Por qué no?

Guía de Aplicación

Mencione dos o tres pensamientos claves que desee recordar de este capítulo.

1. ______________________________

2. ______________________________

3. ______________________________

Marque las aplicaciones específicas en las cuales planea trabajar.

Esta semana me propongo profundizar y fortalecer mi vida de oración por medio de:

___ 1. Ver menos televisión y/o pasar menos tiempo en la Internet, para pasar más tiempo orando.

___ 2. Empezar cada día hablando con Dios.

___ 3. Hablar con Dios de camino al trabajo esta semana.

___ 4. Hablar con Dios mientras me duermo cada noche.

___ 5. Hacer un espacio en mi agenda para orar un tiempo extra cada día, esta semana. Será el día ___________.

___ 6. Extender mi tiempo diario de oración a ________ minutos.

___7. Otro:

____

____

____

____

____

CAPÍTULO 2

SEPARE UN TIEMPO PARA ORAR

¿Quién es el modelo ideal que todos los cristianos deben seguir? ¿Algún famoso o legendario técnico de fútbol o un exitoso directivo de una gigantesca corporación? ¿Acaso el famoso pastor de alguna mega iglesia? Aunque es posible aprender de todos estos personajes, sabemos que Jesús es el modelo número uno en la lista de personas que debemos emular. Ya que Él es nuestro ejemplo, hemos de seguir sus pisadas. He oído un argumento según el cual "no podemos imitar a Jesús porque Él era el Hijo de Dios y nosotros no lo somos". Eso es verdad en parte porque la plena verdad es que en ocasiones enfatizamos tanto su deidad que olvidamos su humanidad. Jesús era ciento por ciento Dios, pero *también* era *ciento por ciento hombre*. No sólo era el Hijo de Dios sino que también se proclamó a sí mismo el Hijo del Hombre. Voluntariamente se sometió a las mismas frustraciones, limitaciones y tentaciones que nosotros enfrentamos todos los días. Como ser humano se cansó, le dio hambre y se sintió frustrado.

Jesús conoció y vivió la vida del liderazgo humano. Necesitamos adoptar a Jesucristo como el fundamento y el molde sobre el cual construimos todo lo que aprendemos con respecto a este tema.

Jesucristo: hombre de oración

Convertir a Jesús en nuestro modelo principal para el aprendizaje sobre el liderazgo significa que necesitamos hacer lo que Él hizo. Una de las disciplinas primordiales para el liderazgo que Jesús practicó, fue la oración. Jesucristo fue un extraordinario hombre de oración. S. D. Gordon resumió muy bien esta característica cuando escribió: "El *hombre* Cristo Jesús *oraba*; oraba *mucho*; *necesitaba* orar; *amaba* orar".[1] Le encantaba orar... oraba tanto y tan a menudo que la oración se volvió parte de su vida. Se volvió como el acto de respirar; lo hacía de forma involuntaria".[2]

E. M. Bounds coincide: "La oración estaba presente en toda la vida de nuestro Señor cuando estuvo en la tierra... no hay nada que llame más la atención en Su vida que la oración".[3] Tambien he escuchado el argumento de que no podemos orar como lo hizo Él porque era el Hijo de Dios. Pero la verdad es que si Jesucristo, el Hijo de Dios, necesitaba orar, entonces *cuánto más* necesitamos orar usted y yo.

En los evangelios hay quince recuentos de Jesús orando. Once de ellos se encuentran en el libro de Lucas. ¿Por qué? La respuesta es sencilla: de los cuatro escritores neo testamentarios, Lucas fue quien más se concentró en su aspecto *humano*. Él quería que entendiéramos que Cristo llevó una vida de oración porque era un líder *humano*. Jesús fue totalmente Dios *y* totalmente hombre. Si *el eterno* humanado, necesitaba tiempo para orar, ¿cuánto cree que debemos orar usted y yo?

La oración – primero lo primero

El evangelio de Marcos fue escrito como respuesta al activo estilo de vida de los romanos. En el capítulo 1, el evangelista registra una muestra de un periodo de veinticuatro horas en la vida de Jesús. La narración nos permite ver lo que se equipararía con uno de los días de *Jack Bauer*, el famoso agente de la serie de televisión 24, quien dedica su tiempo a proteger el mundo luchando en contra de los terroristas. En tan solo un periodo de veinticuatro horas, Jesús dio una maravillosa enseñanza en la sinagoga (v. 21,22); echó fuera de un hombre a un demonio violento y beligerante (v. 23-28); sanó a la suegra de Pedro, la cual, como muestra de agradecimiento, se levantó y les preparó un almuerzo a Jesús y a sus discípulos (v. 29-31); Él dedicó el resto del día a sanar enfermos y a echar fuera demonios de personas necesitadas (v. 32-34). ¡Qué día tan agotador!

No puedo imaginarme un día más agitado. Si Jesús hubiese sido como la mayoría de nosotros, después de un día de ministerio tan duro, habría pasado la mañana siguiente durmiendo y descansando. Pero Jesús vivió y guió a las personas de una forma muy diferente. Tenía una profunda capacidad para el ministerio porque practicaba algunos hábitos piadosos que le producían resultados poderosos. ¿Durmió hasta tarde Jesús al día siguiente? ¡No! Lea con cuidado el versículo 35: "Levantándose muy de mañana, siendo aún muy oscuro, salió y se fue a un lugar desierto, y allí oraba".

La oración era la primera de las actividades diarias en la vida de Jesús; la cita número uno en su calendario todos los días. Si no lograba hacer nada más ese día, con toda seguridad lograba orar. Al igual que Jesús, también me gusta que la oración matutina sea mi primer y más importante momento cada día. He aprendido que si lo primero que hago en la mañana no es orar, usualmente no lo hago después. También he aprendido que si empiezo mi día en oración, el resto del día siempre sale mejor. Muchos otros líderes espirituales de alto impacto, a lo largo de los siglos, han practicado la oración temprano en la mañana. Por ejemplo, el rey David escribió: "Por la mañana, Señor, escuchas mi clamor; por la mañana te presento mis ruegos, y quedo a la espera de tu respuesta." (Salmo 5:3 NVI)

Martín Lutero a pesar de ser un hombre muy ocupado, pastoreaba una iglesia, enseñaba en el seminario, escribía extensamente, traducía la Biblia al alemán y, en su tiempo libre, avivaba la Reforma Protestante, también era un defensor de que la oración temprano en la mañana, fuera la primera actividad. "Si no logro pasar un par de horas en oración *cada mañana*, el diablo obtiene la victoria el resto del día".[4]

Los biógrafos de Hudson Taylor, el muy ocupado fundador de la Misión al Interior de China, han descrito la prioridad que Taylor daba a la oración y al estudio bíblico. Cuando uso las palabras "muy temprano", me refiero literalmente a *muy temprano*. Sus biógrafos escriben: "El tiempo que usualmente pasaba en oración era de las dos a las cuatro de la mañana, cuando podía estar totalmente seguro de que no lo interrumpirían en su búsqueda de Dios".[5] Se ha dicho que a la edad de setenta años Taylor le dijo a uno de sus hijos: "Acabo de terminar mi lectura número cuarenta de toda la Biblia durante estos cuarenta años".[6]

Una de las biografías que más ha impactado mi vida es la historia de *Dawson Trotman* (1906-1956), el fundador de Los Navegantes[7]. Era un hombre común y corriente con una pasión extraordinaria por Dios y por la oración, que fundó una organización mundial que marcó un profundo y especial impacto espiritual en la fuerza naval de los Estados Unidos durante la Segunda Guerra Mundial. Cuando era un joven solía usar las primeras horas del día en oración buscando comunión con Dios en las colinas del sur de California. En una ocasión hizo un pacto de orar por dos horas temprano en la mañana antes de ir al trabajo durante cuarenta días. Hacia el final de los cuarenta días, él y su compañero de oración oraron con un mapa del mundo en sus manos. Lo sorprendente es que antes de su muerte a la temprana edad de cincuenta y cinco años (al intentar salvar a alguien para que no se ahogara), Trotman vio el fruto de su labor expandiéndose por todo el mundo como respuesta a esas oraciones que realizó en sus años de juventud. Su biógrafo escribe: "Dawson se aferró a su consumado propósito de convertirse en un hombre de Dios, un hombre de oración... años después, al mirar en retrospectiva, no tenía la menor duda de que su disciplina de oración durante los primeros cinco años de su vida cristiana, puso el fundamento para todo el resto de su ministerio".[8]

Juan Wesley (1703-1791), una de las voces del Primer Gran Avivamiento y el padre del Metodismo, empezaba cada mañana con una o dos horas de oración. El apasionado pastor *Robert Murray McCheyne* (1813-1843) dijo: "Siento que es absolutamente mejor *empezar el día con Dios* -ver su rostro primero, acercar mi alma a Él antes que a cualquier otro ser".[9]

Tengo el privilegio de enseñar en un seminario donde hay cerca de 100 estudiantes de Corea del Sur. Como usted probablemente sabe la iglesia allí ha experimentado un crecimiento explosivo en las últimas décadas. Una de las muchas cosas que me encanta sobre estos estudiantes es su disposición para orar. Muchos de ellos se reúnen todas las mañanas a las 5:30 para pasar una hora en oración en nuestra capilla. Aunque en Norte América esas reuniones son poco comunes, en ese país son algo muy frecuente. Por ejemplo, Peter Wagner cuenta que asistía a las reuniones de oración que se celebraban temprano en las mañanas en la iglesia presbiteriana de Myong-Song en Seúl. La iglesia tenía reuniones de oración diarias a las 4:00 a.m., 5:00 a.m. y 6:00 a.m. y asistían en total doce mil personas.[10] Con razón el número de cristianos en Corea del Sur se ha incrementado de forma tan asombrosa en las últimas décadas. El 15 de agosto de 1988, un millón de cristianos coreanos se reunió a las afueras de un estadio para orar. Un pastor cuya iglesia cuenta con cientos de miles de miembros escribe: "No soy capaz de hacer todo lo que he sido llamado a hacer sin pasar por lo menos una hora en oración todas las mañanas".[11]

Demasiado ocupado como para no orar

Jesús llevó una vida muy ocupada y ministró a un ritmo muy intenso. Las exigencias que la gente hacía de su tiempo y energía eran inmensas. Su fortaleza interna era constantemente desafiada por discípulos que tenían dificultad para entender las verdades que les enseñaba, al igual que por inmensas multitudes, enfermos, necesitados desesperados, personas endemoniadas y por una feroz oposición. Todo lo que Jesús hacía era en contra de la esencia de los líderes judíos y su religión de extremo legalismo. ¿Cómo pudo sobrevivir a todo eso e incluso llegar al punto de obtener un triunfo sin igual? Jesús veía la oración como la fuente secreta de su fortaleza espiritual, la verdadera reserva de agua fresca. Incluso cuando estaba muy atareado, no estaba tan ocupado como para no sacar tiempo de orar.

Bill Hybels (1952-) escribió un libro que tituló de forma perspicaz *Demasiado ocupado como para no orar*. En ese texto hace la siguiente confesión: "La oración no siempre ha sido mi característica más fuerte. Por muchos años, incluso cuando era pastor anciano de una inmensa iglesia, sabía más sobre la oración, de lo que *practicaba*. Tenía el temperamento de un caballo de carreras y rasgos de autosuficiencia y autoconfianza que son muy normales en mí".[12]

Hybels menciona la frecuente sensación de estar "abrumado, golpeado, lastimado, acorralado y derrotado" que era el resultado de su vida pobre de oración. Luego procede a narrar cómo obedeció la invitación del Señor a orar y practicar la oración y describe la refrescante y profunda diferencia que ocurrió en su relación con Dios que fluía de "sostener conversaciones profundas, que brotaban del alma, cada mañana durante un buen periodo de tiempo"[13]

El líder de una inmensa iglesia también en Corea del Sur escribió sobre la importancia que tiene el hecho de que los líderes pasen tiempo en oración y dijo: "Una de las grandes mentiras de Satanás es que no tenemos suficiente tiempo para orar porque estamos muy ocupados. Sin embargo, sí tenemos tiempo para dormir, comer y respirar. Tan pronto comprendamos que la oración es tan importante como dormir, comer y respirar, quedaremos sorprendidos de cuánto tiempo realmente tenemos para orar.[14]

George Müller (1805-1898) fue uno de los líderes espirituales más asombrosos que el mundo jamás ha visto. Fue un filántropo y evangelista lleno de dones. Puso en circulación 111 millones de tratados y panfletos, 1.4 millones de Nuevos Testamentos y 275 mil Biblias en diferentes idiomas, al igual que un número semejante de pequeñas porciones de la Escritura. Apoyó 189 misioneros. Después de que cumplió 70 años de edad, predicó el evangelio en 42 naciones ante aproximadamente 3 millones de personas. Durante su vida, cuidó a más de 10 mil huérfanos, proveyó educación para 123 mil estudiantes y recibió 7 millones y medio de dólares que jamás solicitó, como fondos de apoyo, solamente por la fe y la oración. Cuando era un joven ministro y estaba iniciando sus orfanatos, Müller atravesó por una temporada de mucha ocupación. De hecho, usualmente estaba demasiado ocupado como para orar de la forma en que debía realmente hacerlo. Su biógrafo escribió: "Después de aprender la lección de estar ocupado en la obra del Señor, de hecho –demasiado ocupado– como para darle tiempo a la oración, le dijo a sus hermanos en la fe que cuatro horas de trabajo luego de una hora de oración lograba más resultados que cinco horas, sin oración. Y en adelante siguió fielmente esa regla".[15]

Spurgeon, el pastor inglés, a pesar de su éxito increíble y su vida muy atareada, estaba de acuerdo con la aseveración de Müller. Al predicar sobre la oración anotó.

> *"A veces pensamos que estamos demasiado ocupados para orar. Ese es un grave error, porque orar es ahorrar tiempo... Dios puede multiplicar nuestra capacidad para usar el tiempo. Si le damos al Señor lo que le corresponde, tendremos lo suficiente para lo que necesitamos. Es necesario que aprendamos a buscar primero el reino de Dios y su justicia y todas estas cosas nos serán añadidas. Los demás compromisos que tenemos andarán bien si no olvidamos nuestro compromiso con Dios".*[16]

Establezca un tiempo diario de oración

Lo primero que hacía Jesús en la mañana era orar, (Marcos 1:35); Jesús también oraba muy tarde en la noche (Marcos 6:46; Lucas 6:12-13; Mateo 26:36-44). Pedro y Juan dedicaban por lo menos el tiempo en la tarde a orar, tal como lo hacía Cornelio (Hechos 3:1; 3:10). También se muestra que Pedro oraba al medio día (Hechos 10:9). Pablo y Silas oraban y cantaban himnos a media noche (Hechos 16:16).

Juan Bunyan (1628-1688) fue un pastor inglés encarcelado desde mediados hasta finales del siglo XVII por predicar el evangelio. Su libro, *El Progreso del Peregino*, es el segundo libro más popular en la tierra, después de la Biblia. Fue un defensor de la oración matutina y dijo: "El que huye de Dios en la mañana, difícilmente lo encontrará en el resto del día".[17]

Martín Lutero también dijo: "Es una buena cosa hacer que la oración sea el primer asunto en la mañana y el último en la noche".[18]

Cuando *Jerry Falwell* (1933-2007) era estudiante universitario, aprendió el inmenso valor de orar diariamente; pidió al decano de los estudiantes una llave para acceder al tercer piso del edificio administrativo. Allí oraba desde la 1:30 a las 5:00 de la tarde todos los días de la semana, clamando a Dios que bendijera su ministerio como maestro de escuela dominical de quinto grado. Valió la pena. La clase creció de dos niños a cincuenta y siete.[19]

Una de las preguntas más importantes que podemos hacer a alguien que aspira a tener un verdadero liderazgo espiritual es "¿*Cuándo* oras? ¿*A qué horas* pasas tiempo con Dios?" No creo que *la hora* de hacerlo sea tan importante como el hecho de tener *un tiempo* de oración todos los días. Cuando empecé a caminar con el Señor era apenas un estudiante de secundaria; mi tiempo diario con Dios era tarde en la noche. Oraba mientras trotaba y me encantaba. Durante mi primer año de universidad el único tiempo en el que el dormitorio estudiantil estaba en silencio era a la hora del almuerzo; de modo que esa se convirtió en mi momento para pasar tiempo a solas con Dios estudiando la Biblia y orando. En mi segundo año mi tiempo a solas con Dios era después de la cena. En mi tercer año tuve que hacerlo en las horas de la tarde. En la actualidad tengo dos momentos principales; el primero es temprano en la mañana. Después de leer mi Biblia, oro y uso un diario de oración. Luego me alisto para ir a trabajar. Mientras manejo en dirección a mi oficina paso mi segundo tiempo, clamando a Dios por otros asuntos. La mayoría de personas necesitamos separar un tiempo diario de oración o incluso varios momentos si aspiramos a construir una vida de oración dinámica. Es posible escoger la mañana, la tarde o la noche, pero necesitamos escoger un momento específico, o varios momentos, para orar.

Ore varias veces al día

Un estudio de la vida de los líderes espirituales efectivos revela que la mayoría de ellos tenía *una serie de momentos de oración específicos todos los días*. El gran rey David menciona que por lo menos durante un tiempo de su vida clamaba a Dios en oración tres veces al día: en la mañana, al medio día y en la noche (Salmo 55:17). El gran líder judío, Daniel, fue forastero en la tierra pagana de Babilonia y fue sobresaliente. Cuando llegó a ser miembro del gabinete gubernamental, y enfrentó grandes problemas, ya había establecido una práctica regular de oración tres veces al día (Daniel 6:10).

Quizá porque estaban motivados por el ejemplo de David y Daniel, el patrón de orar tres veces al día fue adoptado por los judíos y practicado de forma regular durante el primer tiempo de la iglesia cristiana. Con relación a ese patrón, Epifanio menciona que "oraban en la sinagoga tres veces: una vez en la mañana, otra al medio día y, por último en la noche".[20]

La iglesia primitiva continuó la misma práctica. Por ejemplo Tertuliano (nacido alrededor de 160 y fallecido alrededor de 225) dijo explícitamente sobre la importancia de orar siempre las siguientes, valiosísimas, palabras: "En cuanto a la hora, ciertas horas no deberían menospreciarse; me refiero a esas horas comunes que han marcado la división del día: la tercera, la sexta y la novena, las cuales podemos observar en la Escritura que son más solemnes que el resto de las horas del día".[21] Cuando escribió esas palabras, el día empezaba a las 6:00 a.m. Por tanto, las horas "tercera, sexta y novena" representaban las nueve de la mañana, el medio día y las tres de la tarde.

Muchos de los líderes de la iglesia primitiva tenían más de tres tiempos diarios de oración. Por ejemplo, Hipólito (fallecido en el 235), habló al comienzo del tercer siglo de orar seis veces cada día.

Si está en casa, ore a la hora tercera y bendiga a Dios pero si está en cualquier otro lugar ore a Dios en su corazón... ore también a la hora sexta... ore intensamente y bendiga mucho, a la hora novena... ore también antes de ir a la cama. Pero hacia la media noche levántese, lave sus manos y ore... y cuando el gallo cante, levántese y ore una vez más.[22]

A la edad de veinticinco años, Adoniram Judson (1788-1850) fue el primer misionero protestante enviado desde Norte América a ministrar en Birmania (ahora conocida como Myanmar). Aunque esperó seis años para ver su primer convertido, después plantó iglesias y tradujo la Biblia al birmano. Poco después de su muerte, una encuesta gubernamental registró 210.000 cristianos, uno de cada cincuenta y ocho birmanos. El consejo de Judson para levantar líderes espirituales es muy desafiante: "Orar siete veces al día".

> *Propóngase alejarse de sus obligaciones y amigos siete veces al día y eleve su alma a Dios... empiece el día levantándose después de media noche y dedique tiempo en medio del silencio y la oscuridad de la noche a la sagrada labor de la oración y que la hora de la madrugada lo encuentre haciendo lo mismo. Repita la misma actividad a las nueve, a las doce, a las tres, a las seis y a las nueve de la noche. Dedíquese a esta tarea con toda resolución y haga los sacrificios que sean necesarios para mantenerla. Considere que su tiempo es corto y que no debe permitir que ningún asunto o compañía le robe su tiempo con Dios.*[23]

Determine una cantidad de tiempo para orar

Los líderes espirituales efectivos no sólo establecen un tiempo de oración sino que usualmente determinan una *cantidad de tiempo*. La mayoría separa una hora y otros dedican incluso mucho más tiempo.

Me imagino que el patrón de pasar una hora en oración se remonta al jardín de Getsemaní en donde Jesús confrontó al apóstol Pedro por estar durmiendo: Vino luego a sus discípulos, y los halló durmiendo, y dijo a Pedro: ¿Así que no habéis podido velar conmigo una hora? Velad y orad, para que no entréis en tentación; el espíritu a la verdad está dispuesto, pero la carne es débil. (Mateo 26:40-41)

Muchos han asumido esta pregunta como algo personal y han hecho el esfuerzo de darle a Dios una hora de oración todos los días. Piense en eso. Una hora al día serían 365 horas al año o el equivalente a más de cuarenta y cinco días de 8 horas. Eso significa mes y medio del año en oración. Piense en lo que Dios puede hacer a través suyo, para y en usted y en aquellos por los que usted ora *si* ora todos los días al menos una hora.

Instituya un lugar regular para la oración

El *lugar* es casi tan importante como el tiempo de oración. Marcos 1:35 dice que Jesús escogió un sitio apartado y silencioso porque, al no tener ningún tipo de distracción, podía dedicarse a los asuntos que necesitaba tratar cada vez que se reunía con su Padre. En el Sermón del Monte Cristo mencionó el hecho de entrar a nuestro cuarto y cerrar la puerta cuando oramos. (Mateo 6:6)

El mejor ejemplo de un líder que separó un lugar para la oración es Moisés. El pueblo que Moisés guiaba estaba constituido en su mayoría por personas inmaduras a nivel espiritual. Tenía que enseñarles todo, incluyendo la forma de relacionarse con Dios. Una de sus mejores herramientas de enseñanza fue el ejemplo que daba en un lugar llamado el *Tabernáculo de Reunión.*

> *Y Moisés tomó el tabernáculo, y lo levantó lejos, fuera del campamento, y lo llamó el Tabernáculo de Reunión. Y cualquiera que buscaba a Jehová, salía al tabernáculo de reunión que estaba fuera del campamento. Y sucedía que cuando salía Moisés al tabernáculo, todo el pueblo se levantaba, y cada cual estaba en pie a la puerta de su tienda, y miraban en pos de Moisés, hasta que él entraba en el tabernáculo. Cuando Moisés entraba en el tabernáculo, la columna de nube descendía y se ponía a la puerta del tabernáculo, y Jehová hablaba con Moisés. Y viendo todo el pueblo la columna de nube que estaba a la puerta del tabernáculo, se levantaba cada uno a la puerta de su tienda y adoraba. Y hablaba Jehová a Moisés cara a cara, como habla cualquiera a su compañero.* (Éxodo 33:7-11)

Cuando uno lee Éxodo y llega al capítulo 33, el polvo del desierto aún se encuentra en el aire. El recuento de este peregrinaje se hace lento, se detiene y nos deja ver algunas de las cosas con relación a la vida de este pueblo nómada. Me encanta particularmente la imagen que vemos en el Tabernáculo de Reunión, una tienda que se convirtió en sagrada, por el diálogo divino que se desarrollaba en su interior. Cuando Moisés entraba, se disminuían las distracciones y el tiempo de reunión con Dios se volvía algo especial. Bill Hybels escribe: "Una vez usted identifica ese lugar y empieza a usarlo de forma regular, una especie de aura empieza a rodear el sitio. Su cuarto de oración, sin importar si es el cuarto de lavado en el sótano de su casa, se convierte para usted en lo que el jardín de Getsemaní fue para Jesús: un lugar sagrado, el lugar de reunión con Dios".[24]

En su clásico libro *Con Cristo en la Escuela de la Oración*, Andrew Murray (1838-1917) abordó el valor que existe en el hecho de tener un lugar y una hora específica de oración para que el líder espiritual realmente aprenda a orar: "Dios quiere que cada uno de nosotros elija ese lugar en el cual Él puede encontrarse diariamente con nosotros. Ese cuarto, ese sitio solitario, es el salón de clase de Jesús. Éste puede cambiar día a día, pero ese lugar secreto debe existir... debe ser un aquel en el que usted pueda estar a solas y ahí Jesús viene, con toda seguridad, a enseñarnos a orar".[25] He descubierto que es muy útil disponer un lugar fijo y solitario para mi tiempo de oración diario en mi esfuerzo por construir una vida dinámica de oración. En el transcurso de los años ese lugar ha cambiado en varias ocasiones. Cuando estaba en la secundaria, era el bosque o la pista de atletismo. En la universidad, era un cuarto vacío del dormitorio. Durante años, oré mientras caminaba alrededor de mi barrio. En otra temporada, ore en mi escritorio en la oficina de mi iglesia todas las mañanas. Últimamente mis principales lugares de oración son mi asiento en el salón familiar antes de que los demás miembros de la familia se levanten y mi carro de camino al trabajo. Para mí son lugares dulces y sagrados porque en ellos me he encontrado con Dios en oración; he expresado mis temores, se han levantado cargas, asegurado respuestas y he recibido dirección.

La sala de cirugías

Durante mi primer semestre en la universidad, mi lugar de oración fue una sala de cirugías. Ese fue uno de los mejores lugares para orar, que he encontrado. Permítame explicarlo. Mi universidad era tan joven que ni siquiera tenía dormitorios. Tuve que vivir con una docena de jóvenes apiñados en un hospital olvidado, en un barrio aislado de una pequeña ciudad a cuatrocientas millas de mi casa. Cuatro estudiantes compartíamos un cuarto y ocho, un baño. No había guardarropas y la privacidad era escasa. Sin embargo, recuerdo que lo mejor del hospital transformado en dormitorios era la sala de cirugías. Lo malo era que tenía clases a las siete de la mañana todos los días. Lo bueno era que terminaba mis clases y volvía al hospital al medio día. Alguien había sabiamente designado la sala de cirugías que estaba en el piso superior como el cuarto de oración, razón por la cual nadie vivía ahí. Los únicos muebles que había eran un frío y gris escritorio y un rígido asiento, ambos de metal. Para mí era suficiente. También había una inmensa ventana que permitía ver la calle cuyo nombre era muy apropiado, calle Gracia.

Decidí que necesitaba pasar una hora a solas con Dios, de forma que me encerraba en el cuarto al medio día, todos los días de lunes a viernes. En la primera media hora permitía que Dios me hablara por medio de su Palabra. Usualmente leía un Salmo y escribía en un pequeño cuaderno lo que pensaba que Dios me estaba diciendo por medio de ese Salmo. La siguiente media hora hablaba con Dios y utilizaba un plan denominado el plan de oración "ACTS" (que significa Hechos en inglés); según ese plan me dedicaba a la adoración, confesión, acción de gracias y súplica; más adelante discutiremos en detalle cada uno de esos elementos. También registraba mis peticiones en un cuaderno. Luego de unos cuantos días de acostumbrarme a esa cita diaria con Dios, me di cuenta que anhelaba pasar ese tiempo diariamente en la sala de cirugías. Me apresuraba al salir de clases y subía prontamente para no llegar tarde a mi cita del medio día con Dios. Todos los días Dios era fiel y se reunía conmigo exactamente a esa hora para realizar una cirugía en mi corazón. Cada día el "Cirujano Principal de la calle Gracia" hacía una incisión un poco más profunda con su Palabra y me hablaba de sanidad y esperanza en la oración.

¡Cuánto quisiera tener las palabras apropiadas para describir cuán dulce, sorprendente y real era mi reunión con Dios durante una hora, todos los días! Me encantaría explicar cuánto cambió y enriqueció mi vida y poder hacer una lista de todas las respuestas a la oración que veo hoy, y que fueron peticiones hechas en esa sala de cirugías. Pero no puedo. No tengo la habilidad ni el tiempo ni el espacio. Pero pienso que usted tiene un indicio de cuán maravilloso fue para mí reunirme diariamente con mi Creador, Redentor, Padre y mejor Amigo.

Jesús veía a Jerusalén como tierra santa. Los musulmanes piensan que la Meca es sagrada. Algunos seguidores de clubes deportivos ven ciertos estadios como un lugar sacro; pero para mí nada se compara con esa sala de cirugías porque allá me reunía con Dios. ¿Qué más puedo decir? Nos mudamos a dormitorios verdaderos después de varios meses y encontré otro lugar para adorar pero nada reemplazará jamás lo que representa esa sala para mí. De hecho, unos años después tuve la oportunidad de volver a ese hospital por unos minutos. Con ansiedad subí las escaleras que me conducían a la sala y cuidadosamente abrí la puerta. Casi sin respirar di una mirada y pasé saliva. No estaba preparado para lo que sucedió después. La mesa y el asiento estaban intactos. Pero no era lo único que permanecía igual. Miles de recuerdos de cientos de horas buscando el rostro de Dios estaban también ahí. Una inmensa ola de emociones recorrió mi cuerpo y las lágrimas llenaron mis ojos porque ese era el lugar en el que había llegado a nuevas profundidades y a más grandes alturas en mi amor por Dios. Allí había hecho escuela en la vida de oración.

Una pregunta importante que podemos hacerle a una persona que aspira a un auténtico liderazgo espiritual es:

"¿*Dónde* ora usted?" "¿*Cuál* es su lugar *privado* para reunirse con Dios?"

Tome tiempo

No sé qué tanto ore usted en la actualidad pero quiero desafiarlo a orar más. Si mis palabras no son suficientes permita que las siguientes aseveraciones de dos maestros espirituales lo inciten a dedicar más tiempo a la oración.

"No puede haber comunión con un Dios santo, ni intimidad entre el cielo y la tierra o poder para la salvación de las almas, *si no dedicamos mucho tiempo a esa comunión.*" -Andrew Murray.[26]

"El secreto de la oración exitosa es pasar mucho tiempo orando. La oración poderosa es el producto mediato o inmediato de pasar mucho tiempo orando. Nuestras oraciones cortas le deben la eficiencia y resultado a aquellas largas oraciones que las han precedido." -E. M. Bounds.[27]

Cómo dedicar tiempo a la oración

1. Recuerde el valor y el poder de la oración.
2. Determine un momento o varios momentos en los que va a orar todos los días.
3. Decida la cantidad de tiempo que planea dedicarle a la oración, cada día.
4. Escoja un lugar o varios lugares para tener sus momentos de oración.
5. Hágalo.

GUÍA DE APLICACIÓN

¿Cuáles son las dos o tres ideas principales que desea recordar de este capítulo?

1. ______________________________

2. ______________________________

3. ______________________________

¿Cuál es (o va a ser) su *momento* o *momentos* diarios de oración?

¿Cuál es (o va a ser) la *cantidad* de tiempo que le va a dedicar a la oración?

¿Cuál es (o va a ser) el *lugar* o *lugares* que va a utilizar para orar?

CAPÍTULO 3

Ore por las Personas a Quienes Usted está Sirviendo

Los líderes espirituales efectivos oran por su gente

Los líderes espirituales efectivos sienten pasión por Dios *y* compasión por las personas. Dios nos concede una carga, una preocupación santa por aquellos que nos ha puesto a liderar. Es muy probable que no siempre aceptemos su comportamiento pero tenemos un amor genuino por ellos. Una de las formas más puras y poderosas de expresar ese amor es por medio de la oración intercesora. "Amor de rodillas" es la definición y la descripción que Dick Eastman[1] ofrece para la oración intercesora.[2] Ese tipo de oración nos lleva a presentarnos ante el trono de Dios para pedir las mejores cosas posibles para las personas y para presentar sus necesidades ante Aquel que posee la capacidad de responder.

Un estudio de las vidas de los líderes espirituales de alto impacto revela que dedican tiempo a orar por su gente. Considere a Moisés. Su principal ministerio al guiar a los hebreos en medio del desierto puede ser resumido en seis palabras sencillas: "Y Moisés oró por el pueblo." (Números 21:7). Moisés fue un líder espiritual que tuvo una efectividad inusual, en parte, porque oraba o *intercedía* por su gente. El término hebreo utilizado para *interceder* significa "ponerse en medio de"; al ser usado para referirse a la oración, describe el acto de ir ante Dios y rogar en nombre de otro.[3] Orar, usado como un término general, describe el acto de hablar con Dios. La intercesión es más específica porque describe la acción de venir ante Dios *en nombre de otra persona*. Por ende, aunque todo acto de intercesión es una oración, no toda oración es un acto de intercesión.[4]

La intercesión formaba parte fundamental del ministerio de Moisés. Una y otra vez en los libros de Éxodo y Números lo escuchamos clamando a Dios en nombre de sus seguidores (Éxodo 17:4; Números 11:2; 14:13-19). Tristemente un inmenso número de líderes ora e intercede muy poco. Eso debe cambiar. La oración intercesora es una herramienta primordial que debe ser usada por los líderes espirituales efectivos. El gran líder y profeta Samuel pensaba que era pecado dejar de interceder por su pueblo y, por eso, les dijo; "Así que, lejos sea de mí que peque yo contra Jehová cesando de rogar por vosotros." (1 Samuel 12:23).

El líder misionero Wesley Duewel escribe: "El ministerio más grande que usted posee y la influencia más grande que puede ejercer es la intercesión".[5] E. M. Bounds dijo: "Hablarles de Dios a los hombre es una labor maravillosa pero hablarle de los hombres a Dios es aún más grandioso".[6] S. D. Gordón aseveró: "La verdadera oración jamás se detiene en las peticiones por uno mismo sino que se extiende a los demás. La intercesión es el clímax de la oración".[7]

Jesús es el gran intercesor

Todo su ministerio se relaciona con nosotros al ponerse en nuestro lugar e ir ante el Padre en nombre nuestro. Como líder oró por sus seguidores e incluso al referirse a los doce, dijo: "oro por ellos" (Juan17:9). Al referirse a sus futuros seguidores, es decir a nosotros, dijo: "Ruego también por los que han de creer en mí por la palabra de ellos." (Juan 17:20). Incluso desde su trono exaltado en el cielo, Jesús es el que "Está a la derecha de Dios e intercede por nosotros." (Romanos 8:34 NVI), es quien "vive siempre para interceder" por nosotros (Hebreos 7:25 NVI).

El apóstol Pablo fue un hombre que realizó un ministerio sin precedente; observe que sus cartas están llenas de referencias a sus oraciones intercesoras por sus seguidores:

> *"Porque testigo me es Dios, a quien sirvo en mi espíritu en el evangelio de su Hijo, de que sin cesar hago mención de vosotros siempre en mis oraciones,"* (Romanos 1:9-10)
>
> "*No ceso de dar gracias por vosotros, haciendo memoria de vosotros en mis oraciones.*" (Efesios 1:16)
>
> *"Siempre en todas mis oraciones rogando con gozo por todos vosotros." (Filipenses 1:4)*
>
> *"Por lo cual también nosotros, desde el día que lo oímos, no cesamos de orar por vosotros." (Colosenses 1:9)*
>
> *"Damos siempre gracias a Dios por todos vosotros, haciendo memoria de vosotros en nuestras oraciones, acordándonos sin cesar delante del Dios y Padre nuestro de la obra de vuestra fe, del trabajo de vuestro amor y de vuestra constancia en la esperanza en nuestro Señor Jesucristo. "* (1 Tesalonicenses 1:2-3)
>
> *"Por lo cual asimismo oramos siempre por vosotros."* (2 Tesalonicenses 1:11)
>
> *"Doy gracias a Dios, al cual sirvo desde mis mayores con limpia conciencia, de que sin cesar me acuerdo de ti en mis oraciones noche y* día. " *(2 Timoteo 1:3)*

Si queremos liderar como Jesús, Moisés o Pablo, necesitamos orar, al igual que ellos lo hicieron y como ellos también, debemos orar por nuestros seguidores.

Los líderes espirituales efectivos elevan A sus seguidores por encima de sí mismos

Moisés sabía que una de las características más importantes de un líder efectivo es que entiende que la gente que está bajo su responsabilidad es más importante que él. En Éxodo 32:9-10, Dios hace una declaración asombrosa y le ofrece destruir el pueblo de Israel e iniciar todo de nuevo, convirtiendo a Moisés en una gran nación. ¡Qué cosa más increíble! Todos los terribles dolores de cabeza de Moisés desaparecerían *y* él se convertiría en el padre de una gran nación; esa es una propuesta muy difícil de manejar para cualquier persona. Pero Moisés no lo pensó por un solo instante y, por el contrario, de inmediato intercedió ante Dios para que perdonara al pueblo.

Ahora bien, si eso parece ser una muestra suprema de desinterés, resulta más sorprendente ver que Moisés fue incluso mucho más allá. Uno de los versículos más extraordinarios, reveladores y desafiantes que encontramos en la Biblia con relación a lo que significa un buen liderazgo aparece al final de Éxodo 32. El pueblo había vuelto a pecar y la respuesta de Moisés fue presentarse delante de Dios e implorarle que mostrara misericordia para con los rebeldes hebreos que estaban bajo su cuidado, "entonces volvió Moisés a Jehová, y dijo: Te ruego, pues este pueblo ha cometido un gran pecado, porque se hicieron dioses de oro, que perdones ahora su pecado, y si no, ráeme ahora de tu libro que has escrito" (versículo 31).

Me parece admirable la entrega sacrificial de Moisés. Al decir: "*Te ruego que perdones ahora su pecado, y si no, ráeme ahora de tu libro que has escrito*", admitió que estaba dispuesto a perder su lugar en el paraíso si eso evitaba que los hebreos fuesen destruidos. Moisés fue un gran líder porque era un gran siervo. Piense en eso por un instante. Moisés estaba modelando mil cuatrocientos cincuenta años antes, el tipo de liderazgo que Jesús tendría y enseñaría a sus discípulos. Con razón su intercesión fue tan efectiva. Oró usando el mismo modelo de Jesús.

> *Mas Jesús, llamándolos, les dijo: Sabéis que los que son tenidos por gobernantes de las naciones se enseñorean de ellas, y sus grandes ejercen sobre ellas potestad. Pero no será así entre vosotros, sino que el que quiera hacerse grande entre vosotros será vuestro servidor, y el que de vosotros quiera ser el primero, será siervo de todos. Porque el Hijo del Hombre no vino para ser servido, sino para servir, y para dar su vida en rescate por muchos.* *(Marcos 10:42-45)*

Los grandes líderes están dispuestos a sacrificarse por sus seguidores. Considere el sentir del apóstol Pablo, quien dijo: "Porque deseara yo mismo ser anatema, separado de Cristo, por amor a mis hermanos, los que son mis parientes según la carne; que son israelitas" (Romanos 9:3-4). Dick Eastman[8], escribió: "Un intercesor debe olvidarse de sí mismo y acoger las cargas del mundo".[9] En otro escrito afirma: "Como intercesores que portamos nuestra cruz de sacrificio, nosotros también nos ponemos entre una humanidad herida y el Padre amoroso para presentarle a Él las preocupaciones de la gente".[10]

La verdadera intercesión marca una profunda diferencia

Los hebreos, bajo la supervisión de Moisés, fueron un pueblo tan rebelde y propenso a alejarse del Señor, que lo molestaban constantemente. De hecho, en más de una ocasión, Dios se sintió tan airado que quiso destruirlos. Pero no lo hizo a pesar de tener buenas razones para hacerlo. ¿Qué cambió su decisión? El factor decisivo fue la oración intercesora de Moisés, el líder de ese pueblo.

> *Dijo más Jehová a Moisés: Yo he visto a este pueblo, que por cierto es pueblo de dura cerviz. Ahora, pues, déjame que se encienda mi ira en ellos, y los consuma; y de ti yo haré una nación grande. Entonces Moisés oró en presencia de Jehová su Dios, y dijo: Oh Jehová, ¿por qué se encenderá tu furor contra tu pueblo, que tú sacaste de la tierra de Egipto con gran poder y con mano fuerte?... Entonces Jehová se arrepintió del mal que dijo que había de hacer a su pueblo.* (Éxodo 32:9-11,14)

Una y otra vez el pueblo que Moisés dirigía se quejó ante Dios. Una y otra vez Moisés oró por ellos; de igual forma Dios respondió una y otra vez esas oraciones.

La intercesión produjo un avivamiento en la universidad

La historia registra muchas ocasiones en las que las oraciones intercesoras de los estudiantes transformaron sus universidades para Dios. Por ejemplo, en un frío día de invierno en febrero de 1970, un grupo de estudiantes se dirigió al servicio religioso que solían tener en el campus de la Universidad Asbury en Wilmore, Kentucky. Durante meses varios grupos de liderazgo estudiantil se habían levantado media hora antes todos los días para orar por sus compañeros. Otros grupos de estudiantes también oraban con diligencia para que sucediera un despertar espiritual. Esa mañana sus oraciones fueron contestadas. El servicio de adoración que normalmente duraba cincuenta minutos duró en esa ocasión más de una semana. Día tras día venían estudiantes ante el micrófono y confesaban sus pecados o daban testimonio. En el altar y alrededor del auditorio se reunían otros grupos para orar.

Después del primer día, el avivamiento se esparció al seminario que estaba ubicado al otro lado de la calle y luego fluyó a través de la comunidad hasta alcanzar varias iglesias. Los medios de comunicación, locales y nacionales, registraron la historia y personas provenientes de varios estados se dirigieron hasta el sitio para ver lo que Dios estaba haciendo. Grupos de sus estudiantes visitaban iglesias con el mensaje de avivamiento y muchas otras universidades oyeron informes de los sucesos que acontecían en Asbury y experimentaron también el mover de Dios en sus campus.[11]

La intercesión marcó la diferencia en mi universidad

Debo admitir que no soy imparcial con relación al poder de la oración intercesora de Moisés. Permítame explicarlo. Cuando era joven me asignaron la gran responsabilidad de servir como director de discipulado y pastor del campus para una universidad que contaba con tres mil estudiantes cristianos. Honestamente no tenía la preparación, los fondos, el equipo o los requisitos necesarios y sí me sentía profundamente abrumado. Hacía muy poco me había casado y había iniciado mis estudios de tiempo completo en el seminario. En las vacaciones de navidad me di cuenta de que me sentía exhausto y frustrado en muchas otras áreas de mi vida. Como resultado, experimenté por primera vez una verdadera crisis de fe. Decidí realizar un ayuno de tres días, leyendo las oraciones de Moisés y las palabras de los Salmos. Mis dos interrogantes más grandes hacia Dios eran: "¿En realidad tiene alguna importancia lo que ministramos? ¿La oración verdaderamente marca la diferencia?" Una porción de la Escritura sobre las oraciones de Moisés respondió mis dos preguntas, restauró mi fe y cambió mi vida. Fue como si el resto de mi Biblia hubiese estado impresa en blanco y negro, pero uno de los versículos saltara de ella como si estuviese escrito en luces de neón: "Y trató de destruirlos, de no haberse interpuesto Moisés su escogido delante de él, A fin de apartar su indignación para que no los destruyese." (Salmo 106:23)

De no haberse interpuesto Moisés... esas cinco palabras en medio del Salmo 106 tocaron mi alma. La destrucción habría ocurrido *de no haberse interpuesto Moisés*. Una nación entera habría sido raída de la faz de la tierra *de no haberse interpuesto Moisés*. La historia hubiese sido alterada de una forma terrible *de no haberse interpuesto Moisés*. Miles de personas habrían muerto *de no haberse interpuesto Moisés*. Piense en eso. Las oraciones de un líder evitaron que una nación completa fuera eliminada; la intercesión de un solo líder espiritual cambió la historia de su pueblo. La oración de una persona marcó una profunda diferencia para muchas otras.

Unos días después de haber leído el Salmo 106:23 un conferencista invitado iba a venir al campus de nuestra universidad para realizar una serie de reuniones especiales. Compartí ese versículo con los líderes estudiantiles y los desafié a orar fervientemente por los estudiantes de sus dormitorios. Ellos respondieron al desafío. Sus oraciones se convirtieron en una reunión de oración voluntaria y espontánea que duró toda la noche previa a la conferencia de nuestro invitado. Sobra decir que sus oraciones marcaron la diferencia para las personas y experimentamos una visitación gloriosa y verdadera de Dios por medio del conferencista invitado.

Dios escucha cuando oramos por otros; entre más oramos, más obra Dios porque sus obras más grandes usualmente son la respuesta a nuestras oraciones más grandes. La oración intercesora es el factor decisivo, especialmente para los líderes.

La intercesión efectiva es costosa

Nehemías fue otro gran líder con una intensa vida de oración. Este hombre, cuya apariencia no tenía nada de extraordinaria, condujo a un grupo de antiguos esclavos temerosos, desesperados, desolados y sin entrenamiento, a cumplir una hazaña de ingeniería casi imposible, en un tiempo record, y en contra de una oposición severa y constante. Luego los ayudó a experimentar un profundo avivamiento espiritual. En el año 586 a.C., el rey de Babilonia, Nabucodonosor, invadió y saqueó Jerusalén. Cuando la ciudad cayó, el muro fue destruido y toda la ciudad, incluyendo el templo y el palacio real fueron incendiados. Todos los sobrevivientes, excepto los más pobres entre los pobres, fueron llevados cautivos a Babilonia. Cuarenta y ocho años más tarde, en el año 538 a.C., Ciro, el rey persa, destruyó el imperio babilónico. En ese mismo año emitió un decreto que les permitió a los judíos retornar a su tierra nativa. Como resultado, Zorobabel condujo cerca de cincuenta mil hebreos de vuelta a su tierra natal para que reiniciaran sus vidas nuevamente. Cerca de ochenta años después de ese suceso, en el año 458 a.C., otro retorno tuvo lugar durante el reinado de Artajerjes I, rey de Persia. Un escriba llamado Esdras guió ese retorno. En esa ocasión más de 5.700 personas volvieron a la tierra prometida y empezaron a reconstruir el templo pero la ciudad todavía yacía en ruinas y angustia porque el muro de protección que la rodeaba aún estaba destruido. En el mundo antiguo, una ciudad sin muros era un objetivo vulnerable a los ladrones que merodeaban y a las invasiones militares. La situación era desesperada y cuando Nehemías se enteró, empezó a orar. "Cuando oí estas palabras me senté y lloré, e hice duelo por algunos días, y ayuné y oré delante del Dios de los cielos." (Nehemías 1:4). Observe lo que dice Nehemías: "Cuando oí estas palabras, me senté y lloré". La desgracia de Jerusalén consumía la mente y el corazón de Nehemías de tal forma que no pudo hacer algo distinto de orar y llorar. Sintió un dolor en lo más profundo de su corazón semejante al que sentía Dios por su pueblo que estaba en Jerusalén y lo demostró por medio de las lágrimas. El liderazgo espiritual se llena de poder y de autoridad cuando los líderes se unen firmemente al sentir de Dios y ven las cosas como Dios las ve. Usualmente el resultado de esta acción son lágrimas.

¡Dame almas o me muero!

John Hyde (1865-1912) fue misionero en India. Sus dificultades con la audición le impidieron aprender el idioma y su trabajo inicial no fue muy notorio. Sus deficiencias lo llevaron a orar con desesperación y llanto. Al poco tiempo pasaba noches enteras en oración al punto que los habitantes de ese lugar empezaron a llamarlo "el hombre que nunca duerme" precisamente por sus largas jornadas de oración. También fue llamado "Hyde el hombre de oración". Un año John se atrevió a orar por algo que en ese momento y en ese lugar era considerado una petición imposible. Pidió que cada uno de los días del año que empezaba una nueva alma se convirtiera al Señor. Esa tarea parece imposible pero no para el hombre que siembra con lágrimas. Ese año John condujo a más de cuatrocientas personas al reino de Dios por medio de la oración.

Al siguiente año se atrevió a doblar la meta a dos almas por día. Oró, lloró, volvió a orar y siguió llorando por las almas. Ochocientas conversiones se registraron ese año. Finalmente las intercesiones feroces de John abrieron la puerta a un gran movimiento evangelístico que recorrió todo el territorio. Uno de sus biógrafos mencionó el santo poder que se generaba en el cuarto de oración de Hyde. Dijo que orar con John Hyde era "oír su gemir y sus lamentos, ver lágrimas rodando por su rostro y ver su figura debilitada por los días que pasaba sin alimentarse y las noches que pasaba sin dormir, estremecido por sollozos al tiempo que clamaba: 'Oh Dios, dame almas o me muero'".[12]

Dedíquense a llorar

Bob Pierce (1914-1978), el fundador de Visión Mundial, la inmensa organización cristiana para el desarrollo y supervivencia de los pobres en más de cien países, en una ocasión escribió en la solapa de su Biblia: "Que mi corazón se rompa con las cosas que rompen el corazón de Dios".[13] Los líderes de Dios oran con corazones dolidos por la gente y por las situaciones que hacen que el corazón de Dios se duela.

Dios le dijo al profeta Joel que quería que sus siervos espirituales intercedieran por el pueblo con lágrimas (Joel 2:17). El Señor reveló el mismo mensaje por medio de Isaías (Isaías 22:12). Cuando el pueblo se rehusó a hacerlo, Dios vio su egoísmo como un pecado que "no será perdonado" (Isaías 22:14). De igual modo, el profeta Samuel asumió su papel y oró intensamente por el pueblo de Dios al escribir, "Así que, lejos sea de mí que peque yo contra Jehová cesando de rogar por vosotros." (1 Samuel 12:23).

Wesley Duewel agrega: "Debemos llegar a identificarnos tanto con aquellas personas que dirigimos, por medio del amor y del compromiso, que los llevemos en nuestro corazón cada día de nuestro liderazgo... debemos ir al trono de Dios constantemente e interceder por nuestra gente. Pecamos ante Dios si no hacemos eso".[14] Piense en el liderazgo de Jesús cuyo corazón se dolía de tal forma por las personas que incluso Juan 11:35 nos dice que "Jesús *lloró*"; considere el hecho de que Él se convirtió en un varón de dolores, experimentado en quebranto (Isaías 53:3). Vea su lamento: "Oh, Jerusalén, Jerusalén... ¡Cuántas veces quise juntar a tus hijos, como la gallina a sus polluelos debajo de sus alas, y no quisiste!" (Lucas 13:34). Observe las lágrimas que rodaron por sus mejillas cuando contempló el dolor de su pueblo:

"Y al ver las multitudes, tuvo compasión de ellas; porque estaban desamparadas y dispersas como ovejas que no tienen pastor. " (Mateo 9:36)

"Y cuando llegó cerca de la ciudad, al verla, lloró sobre ella." (Lucas 19:41)

"Y Cristo, en los días de su carne, ofreciendo ruegos y súplicas con gran clamor y lágrimas al que le podía librar de la muerte, fue oído a causa de su temor reverente.2 (Hebreos 5:7)

El solitario sendero de las lágrimas, es un camino que los líderes de alto impacto no pueden evitar recorrer. David lloró por los insultos proferidos contra el nombre de Dios (Salmo 69:9-10), Isaías lloró por la difícil situación de sus enemigos (Isaías 6:9-10) y Josías lloró por su pueblo (2 Reyes 22:19). Una multitud se reunió como resultado de las lágrimas de Esdras (Esdras 10:1,2).

Jeremías ha sido llamado "el profeta llorón". Escuche el profundo lamento que hay en sus palabras al escribir: "Quebrantado estoy por el quebrantamiento de la hija de mi pueblo; entenebrecido estoy, espanto me ha arrebatado." (Jeremías 8:21) y "¡Oh, si mi cabeza se hiciese aguas, y mis ojos *fuentes de lágrimas,* para que llore día y noche los muertos de la hija de mi pueblo!" (Jeremías 9:1).

Advirtió a su pueblo con dolor en su corazón: "Mas si no oyereis esto, en secreto llorará mi alma a causa de vuestra soberbia; y llorando amargamente se desharán mis ojos *en lágrimas*, porque el rebaño de Jehová fue hecho cautivo." (Jeremías 13:17).

Jeremías escribió otro libro de la Biblia, el cual llegó a ser conocido como Lamentaciones por su contenido lleno de referencias a las lágrimas. En este el profeta registra el dolor de Dios por el pecado de su pueblo y por la destrucción de Jerusalén. Una de las verdades más sorprendentes que dice es que el llanto de Dios se convierte en lágrimas que descienden por las mejillas de Jeremías.

> *"Por esta causa lloro; mis ojos, mis ojos fluyen aguas". (Lamentaciones 1:16)*
>
> *"Mis ojos desfallecieron de lágrimas, se conmovieron mis entrañas, Mi hígado se derramó por tierra a causa del quebrantamiento de la hija de mi pueblo, Cuando desfallecía el niño y el que mamaba, en las plazas de la ciudad." (Lamentaciones 2:11)*
>
> *"Ríos de aguas echan mis ojos por el quebrantamiento de la hija de mi pueblo. Mis ojos destilan y no cesan, porque no hay alivio hasta que Jehová mire y vea desde los cielos. " (Lamentaciones 3:48-50)*

También el ministerio del apóstol Pablo está bañado en lágrimas. Él resumió su ministerio en Éfeso recordándoles a los ancianos de la iglesia que había servido "al Señor con toda humildad y con muchas *lágrimas*" y que "por tres años, de noche y de día, no cesó de amonestar con *lágrimas* a cada uno" (Hechos 20:19,31). A los Corintios les dijo: "Porque por la mucha tribulación y angustia del corazón os escribí *con muchas lágrimas*" (2 Corintios 2:4). El sólo pensar que su pueblo, los judíos, no vinieran a Cristo, lo hizo escribir: "Tengo gran tristeza y continuo dolor en mi corazón. Porque deseara yo mismo ser anatema, separado de Cristo, por amor a mis hermanos, los que son mis parientes según la carne; que son israelitas." (Romanos 9:2-4).

William Booth (1829-1912) fue un hombre no convencional y controversial que vivió con un profundo celo para Cristo. Su vida como soldado espiritual lo condujo a fundar el Ejército de Salvación y a predicar a las personas más necesitadas entre los necesitados. Dos de sus protegidos se decidieron a fundar una nueva obra sólo para encontrarse con una terrible oposición y fracaso. Llenos de frustración y cansancio le escribieron a Booth pidiéndole permiso para cerrar la misión de rescate. El general Booth envió un telegrama de respuesta con sólo dos palabras en él:

Dedíquense a llorar

Ellos siguieron la instrucción y presenciaron un avivamiento poderoso.[15]

La intercesión de influencia persiste hasta que se recibe

Abraham fue un líder espiritual que, a pesar de sus errores ejerció mucha influencia; fue el padre espiritual de los creyetes y el padre biológico de los judíos. Una de las fortalezas en su liderazgo era su poderosa vida de intercesión. Dios y dos ángeles se vistieron de forma humana y visitaron a Abraham y a Sara para contarles que Sara tendría un hijo en un año. Después de la cena, los tres invitados se dispusieron a salir y el Señor le confió a Abraham que estaba a punto de castigar a Sodoma por su extrema maldad. Al darse cuenta de que el juicio estaba a punto de ejecutarse, Abraham valientemente se puso entre el Señor y Sodoma e intercedió firmemente a favor de la gente de esa ciudad.

> *"Y se apartaron de allí los varones, y fueron hacia Sodoma; pero Abraham estaba aún delante de Jehová. Y se acercó Abraham y dijo: ¿Destruirás también al justo con el impío? Quizá haya cincuenta justos dentro de la ciudad: ¿destruirás también y no perdonarás al lugar por amor a los cincuenta justos que estén dentro de él? Lejos de ti el hacer tal, que hagas morir al justo con el impío, y que sea el justo tratado como el impío; nunca tal hagas. El Juez de toda la tierra, ¿no ha de hacer lo que es justo?"* (Génesis 18:22-25)

Podemos aprender muchas cosas sobre la oración en este pasaje. Observe que Abraham le presentó a Dios un desafío concreto ante el cual debía responder. "Quizá haya cincuenta justos dentro de la ciudad: ¿destruirás también y no perdonarás al lugar por amor a los cincuenta justos que estén dentro de él?" (Versículo 24). Note que apeló a la justicia y a la rectitud del carácter del Señor: "Lejos de ti el hacer tal, que hagas morir al justo con el impío, y que sea el justo tratado como el impío; nunca tal hagas. El Juez de toda la tierra, ¿no ha de hacer lo que es justo?" (Versículo 25).

Dios escuchó la apelación de Abraham y se sintió profundamente afectado por el bienestar de cincuenta personas justas: "Entonces respondió Jehová: Si hallare en Sodoma cincuenta justos dentro de la ciudad, perdonaré a todo este lugar por amor a ellos." (Versículo 26).

¡Eso es sorprendente! Las oraciones de un hombre tenían el potencial de salvar a toda una ciudad. Pero Abraham no había terminado; no era ni un ciego ni un tonto ingenuo. Conocía la naturaleza depravada de Sodoma y se preocupaba tanto por las personas que habitaban allí que necesitaba estar seguro de que serían liberadas; por eso, prosiguió con su intercesión:

> *"Y Abraham replicó y dijo: He aquí ahora que he comenzado a hablar a mi Señor, aunque soy polvo y ceniza. Quizá faltarán de cincuenta justos cinco; ¿destruirás por aquellos cinco toda la ciudad? Y dijo: No la destruiré, si hallare allí cuarenta y cinco."*
>
> (Versículos 27, 28).

Dios debe haber sonreído cuando Abraham tuvo la osadía de pedirle que perdonara a Sodoma una vez más, pero en esta ocasión solamente por causa de cuarenta y cinco justos. El Señor le contestó: "No la destruiré, si hallare allí cuarenta y cinco." (Versículo 28).

Probablemente yo me habría detenido en ese instante, pero Abraham no; de hecho, fue sumamente atrevido en sus oraciones. En cuatro ocasiones más le pidió a Dios por Sodoma y cada vez apeló por un mayor grado de misericordia y gracia.

> *"Y volvió a hablarle, y dijo: Quizá se hallarán allí cuarenta. Y respondió: No lo haré por amor a los cuarenta. Y dijo: No se enoje ahora mi Señor, si hablare: quizá se hallarán allí treinta. Y respondió: No lo haré si hallare allí treinta. Y dijo: He aquí ahora que he emprendido el hablar a mi Señor: quizá se hallarán allí veinte. No la destruiré, respondió, por amor a los veinte. Y volvió a decir: No se enoje ahora mi Señor, si hablare solamente una vez: quizá se hallarán allí diez. No la destruiré, respondió, por amor a los diez."* (Génesis 18:29-32)

¡Sorprendente! Las oraciones insistentes de un hombre garantizaban la seguridad de una ciudad entera... *si* la ciudad tenía por lo menos diez almas justas. Se necesita fe para volver a presentarse ante Dios y pedirle más. También se necesita una preocupación genuina por las personas y una terquedad santa; y funcionó. Dios estuvo de acuerdo con la petición de Abraham. Desafortunadamente Abraham había sido demasiado optimista en su apreciación de Sodoma. Seguramente asumió que con toda seguridad su sobrino Lot había sido capaz de convertir a algunas cuantas personas para que se unieran a él en la búsqueda de Dios y de la justicia. Pero, lastimosamente, como ya todos los sabemos, Lot no había convertido ni siquiera a su propia esposa. No había un pequeño grupo de personas justas en Sodoma así que la ciudad fue destruida. Pero es importante que no perdamos de vista la verdad más importante que hay en este pasaje. La intercesión de Abraham tenía el potencial de salvar a Sodoma de la destrucción; luego, las peticiones persistentes logran marcar la diferencia.

La intercesión que proviene del Espíritu permite Que ganemos a los que amamos

Hudson Taylor es uno de los grandes misioneros porque fue pionero en el uso de diferentes métodos que abrieron las puertas de China al evangelio. Sin embargo, cuando era adolescente, era rebelde e inquieto al punto de convertirse en el motivo de oración más serio y ansioso para su madre y su hermana, entre otras personas. La historia de su conversión se ha vuelto una leyenda en los círculos misioneros. Según Taylor, en junio de 1849, cuando tenía 17 años, su mamá se encerró en un cuarto a noventa kilómetros del lugar donde estaba su hijo. Estaba visitando a una de sus hermanas en ese momento y se sintió movida no sólo a orar para que Taylor se convirtiera en un cristiano, sino a quedarse en ese cuarto hasta tener la seguridad de que sus oraciones habían sido respondidas. Esa misma tarde, según lo narró Taylor tiempo después, él tomó un tratado evangelístico sobre la obra consumada de Cristo y aceptó al "Salvador y la salvación".[16]

La intercesión fuerte y victoriosa convierte a los perdidos

La intercesión persistente que se fundamenta en la fe produce resultados. Nadie simboliza esto con mayor claridad que George Müller. En una ocasión, mientras estaba predicando, Müller testificó que cuarenta años atrás, en 1844, cinco individuos se metieron en su corazón y él empezó a interceder por ellos para que se convirtieran a Cristo. Narró cómo pasaron dieciocho meses antes de que uno de ellos se convirtiera. Siguió orando durante cinco años más y otro de los individuos se convirtió. Sin embargo él siguió orando. Después de doce años y medio, lo hizo el tercero. Siempre aseveró que había seguido orando por los otros dos, sin fallar un solo día, pero todavía no se habían convertido. Había estado orando por esos dos hombres diariamente durante cuarenta años y todavía tenía la certeza de que la respuesta llegaría.[17] De hecho, dijo: "Todavía no se han convertido, pero lo harán".[18] Doce años más tarde, en su funeral, después de interceder por ellos diariamente durante *cincuenta y dos años*, todavía no se habían convertido. Pero uno llegó a Cristo en el funeral y el otro al poco tiempo.[19] La intercesión persistente y fuerte marca la diferencia.

Cómo interceder con mayor efectividad

Sugerencias para interceder mejor

1. Ore por otros de la misma forma en que le gustaría que otros oraran por usted.
2. Enfoque sus oraciones intercesoras más en los asuntos espirituales de importancia eterna, que en las necesidades materiales, físicas y temporales que tiene la otra persona.
3. Use oraciones apropiadas tomadas de la misma Escritura. A continuación aparecen dos oraciones que Pablo hacía por sus seguidores.

   "Por lo cual también nosotros, desde el día que lo oímos, no cesamos de orar por vosotros, y de pedir que seáis llenos del conocimiento de su voluntad en toda sabiduría e inteligencia espiritual, para que andéis como es digno del Señor, agradándole en todo, llevando fruto en toda buena obra, y creciendo en el conocimiento de Dios; fortalecidos con todo poder, conforme a la potencia de su gloria, para toda paciencia y longanimidad; con gozo dando gracias al Padre que nos hizo aptos para participar de la herencia de los santos en luz." (Colosenses 1:9-12)

   "Y esto pido en oración, que vuestro amor abunde aun más y más en ciencia y en todo conocimiento, para que

aprobéis lo mejor, a fin de que seáis sinceros e irreprensibles para el día de Cristo, llenos de frutos de justicia que son por medio de Jesucristo, para gloria y alabanza de Dios." (Filipenses 1:9-11)

Una guía para orar por los amados hijos pródigos

Una de las historias más grandiosas que jamás se ha contado es la narración que Jesús hizo sobre el hijo pródigo. Es la historia del joven que pidió su herencia de forma anticipada y luego corrió a desperdiciarla viviendo alocadamente. Finalmente volvió en sí y fue a casa de su padre. Me encanta la declaración que Jesús hizo porque revela el sorprendente amor del padre. "Y cuando aún estaba lejos, lo vio su padre, y fue movido a misericordia, y corrió, y se echó sobre su cuello, y le besó." (Lucas 15:20).

Los hijos pródigos *sí* vuelven a casa en respuesta a la oración. Quizá usted tiene personas amadas que se han alejado del "hogar". Lucas 15 es una buena guía para orar por ellos:

Señor, *por favor:*

1. Llévalos a un lugar de hambre y necesidad (Versículo 14).
2. Crea en ellos un hambre santa y una nostalgia por ti (Versículos 16 y 17).
3. Haz que vuelvan en sí (Versículo 17).
4. Llévalos a casa (Versículo 18).
5. Concédeles el don del arrepentimiento (Versículos 18-21).
6. Concédenos la gracia de saber darles la bienvenida (Versículo 20).

Una guía para orar por los perdidos y los que retroceden

En ocasiones me parece útil tener un bosquejo que me guíe en mi oración por otras personas. A continuación, aparece un bosquejo sugerido para orar por las personas que necesitan a Cristo:

1. Señor, derrama tu espíritu sobre (nombre de la persona)
2. Convéncela de su pecado, su falta de justicia y del juicio que merece (Juan 16:8)
3. Revélale quién eres tú y lo que Cristo hizo por ella.
4. Ábrele los ojos del entendimiento (Efesios 1:18) y quítale su ceguera espiritual (2 Corintios 4:4).
5. Atráela a ti de una forma poderosa (Juan 6:44).
6. Ata a Satanás en su vida e impide que se robe la Palabra que se ha sembrado en su corazón (Mateo 12:19).
7. Que tu gracia y tu misericordia la rodeen.
8. Ayúdame a estar dispuesto y deseoso de ser el medio por el cual la salves y la liberes. Señor, muéstrame cómo guiarla a Cristo.
9. Pon personas en su camino que le sean un buen testimonio de Cristo.[20]

Una guía para orar por su iglesia

Ore para que:

- Nos amemos y sirvamos verdaderamente uno al otro.
- Estemos protegidos contra el maligno (Juan 17:15).
- Seamos santificados y libres por medio de la verdad (Juan 8:32; 17:16).
- Estemos unidos (Juan 17:21-23).
- Seamos y hagamos discípulos (Mateo 28:19-20).

- Seamos devotos a la Palabra, la oración, la comunión con otros creyentes, la adoración, el ministerio y el evangelismo (Hechos 2:42-47).

Guía de aplicación

¿Cuáles son las dos o tres ideas principales que desea recordar de este capítulo?

1. ____

2. ____

3. ____

Escriba el nombre de las personas por las cuales Dios lo está inquietando a interceder.

____

____

____

¿Qué oraciones cree que debería estar realizando por ellos?

CAPÍTULO 4

Capacite A Otros Para Que Oren Por Usted

En los primeros años de mi ministerio como líder espiritual, lo digo para mi propia vergüenza, subestimé la importancia de pedirles oración a las personas, pero eso cambio un día de forma radical. Permítame explicarle por qué.

Una mañana me desperté con mucho dolor; era un dolor muy intenso. Me levanté de mi cama y miré mi brazo. Cada una de las áreas que me dolía estaba marcada con una terrible ampolla roja. Mi espalda y mis piernas estaban peor, con ampollas hirviendo por todo lado. Fui al doctor, quien se sorprendió y dijo: "¡Veintidós!" sacudió su cabeza y repitió: "Veintidós ampollas".

Le respondí: "Solamente he tenido una ampolla en toda mi vida. ¿Cómo es posible que ahora tenga veintidós al mismo tiempo?"

Procedió a preguntarme por cada uno de los lugares a los cuales había asistido últimamente, las cosas que había realizado y lo que había comido. "¡Ajá!", exclamó, al tiempo que movía su cabeza de un lado para otro. (No me gusta cuando los doctores hacen eso). "Jamás he visto algo como esto... tantas ampollas saliendo todas al mismo tiempo", musitó. "Jamás he leído sobre algo similar... excepto en el libro de Job". Un destello de luz iluminó sus ojos. "Esta es una inquietud bastante atrevida pero vale la pena preguntar. ¿Sobre qué está predicando los domingos?" (Mi doctor es cristiano).

"Sobre la batalla espiritual", le respondí. "Estoy predicando del diablo y los demonios".

"¡Bingo!", respondió. "Esto sólo puede ser resultado de la guerra espiritual".

La aparición de las ampollas y la visita al doctor ocurrieron un martes. Salí del consultorio, me dirigí a casa y le conté a Cathy lo que él me había dicho. Ella procedió a llamar a algunos de nuestros guerreros de oración y pedirles que oraran pidiendo un milagro. El viernes en la mañana volví a visitar al doctor. "Desaparecieron", musitó, moviendo su cabeza de un lado para otro. "Todas desaparecieron. Jamás he visto algo semejante. Las ampollas no aparecen y desaparecen tan rápida y repentinamente. Su congregación debe haber estado orando de forma poderosa por usted". En un periodo de dos días todas las ampollas desaparecieron.[1] Estaba empezando a aprender sobre el poder que existe cuando un líder le pide oración a sus seguidores.

Cuando empezamos nuestra iglesia, yo era ignorante de las maquinaciones del enemigo y el enemigo se aprovechaba de eso. Todos los sábados eran días miserables en mi hogar, especialmente si esperábamos un grupo muy grande de personas el domingo en la mañana. Los niños estaban saludables toda la semana pero se despertaban vomitando esas noches; se sentían bien los otros días, pero justoel sábado pasaban cosas terribles; mi esposa y yo la pasábamos bien toda la semana pero siempre discutíamos por alguna situación insignificante, el sábado en la noche. A veces cerca de la media noche, apenas nos quedábamos dormidos, el teléfono sonaba y era algún borracho o número equivocado. Después de algunos años en los que esto ocurría normalmente, empecé a ver un patrón. (Reconozco que soy un poco lento). Después del incidente de las ampollas, me tragué mi orgullo y ese domingo le expliqué a mi congregación lo que estaba sucediendo y les pedí que oraran por mí, especialmente los sábados por la noche. Al siguiente sábado mi hogar fue el paraíso. Los niños estuvieron sanos y felices. Cathy y yo la pasamos muy bien. El teléfono no sonó y dormí como un bebé. Ese domingo prediqué mejor que nunca.

Oren por mí

El apóstol Pablo fue uno de los líderes más influyentes de la historia. Fue uno de los primeros misioneros, plantó muchas iglesias y escribió trece libros del Nuevo Testamento. También conocía los rigores del liderazgo espiritual y experimentó severos niveles de oposición que parecen increíbles para la mayoría de nosotros. En una ocasión resumió mucha de la adversidad que enfrentaba como líder espiritual, en comparación con sus críticos.

> *"Yo más; en trabajos más abundante; en azotes sin número; en cárceles más; en peligros de muerte muchas veces. De los judíos cinco veces he recibido cuarenta azotes menos uno. Tres veces he sido azotado con varas; una vez apedreado; tres veces he padecido naufragio; una noche y un día he estado como náufrago en alta mar; en caminos muchas veces; en peligros de ríos, peligros de ladrones, peligros de los de mi nación, peligros de los gentiles, peligros en la ciudad, peligros en el desierto,*

peligros en el mar, peligros entre falsos hermanos; en trabajo y fatiga, en muchos desvelos, en hambre y sed, en muchos ayunos, en frío y en desnudez; y además de otras cosas, lo que sobre mí se agolpa cada día, la preocupación por todas las iglesias." (2 Corintios 11:23-28)

¿Cómo pudo él resistir niveles de oposición tan intensos en su ministerio? ¿Cuál era su secreto? Aunque nunca le pidió dinero a sus seguidores, seis veces en sus cartas (y presumiblemente muchas más veces en persona), Pablo les pidió a las personas que oraran por él:

"*Hermanos, orad por nosotros.*" (1 Tesalonicenses 5:25)

"*Por lo demás, hermanos, orad por nosotros, para que la palabra del Señor corra y sea glorificada, así como lo fue entre vosotros.*" (2 Tesalonicenses 3:1)

"*Pero os ruego, hermanos, por nuestro Señor Jesucristo y por el amor del Espíritu, que me ayudéis orando por mí a Dios.*" (Romanos 15:30)

"*Oren por mí, a fin de que al abrir mi boca me sea dada palabra para dar a conocer con denuedo el misterio del evangelio.*" (Efesios 6:19)

"*Orando también al mismo tiempo por nosotros, para que el Señor nos abra puerta para la palabra, a fin de dar a conocer el misterio de Cristo, por el cual también estoy preso.*" (Colosenses 4:3)

Oren por mí (Parte 2)

Juan Hus (cerca de 1369-1415), pensador religioso checo, fue filósofo, reformador y profesor. También contribuyó al desarrollo del lenguaje checo; los habitantes de ese país aún lo honran como un héroe nacional. Sus enseñanzas se convirtieron en las más influyentes de la historia de esa nación y sirvieron como un catalizador para la Reforma Protestante. Él creía firmemente que las personas tenían el derecho de leer la Biblia en su propio idioma. Por sus convicciones, Hus fue condenado a morir en la hoguera, pero antes fue puesto en un calabozo oscuro y sucio, ubicado en el sitio donde las alcantarillas se unían a un lago. Estuvo en ese lugar cerca de tres meses. En pocas semanas cayó enfermo afectado por una fiebre alta, reumatismo, cálculos biliares y vómito constante. Después, fue trasladado a otra prisión, en la cual lo mantuvieron atado a unas cadenas noche y día durante setenta y tres días. Sus escritos hechos en prisión evidencian que tenía una sola preocupación: "Mis muy amados, les suplico desde la prisión, de la cual no me avergüenzo, pues sufro con esperanza por causa del Señor mi Dios, que rueguen al Señor Dios por mí, para que Él permanezca a mi lado".[2]

Reconozca su necesidad de oración

H. B. London Jr. es el vicepresidente encargado del departamento de ayuda y ministerios pastorales de *Enfoque a la Familia*. Conoce muy bien la tensión y las dificultades que hacen parte de su labor porque las tres generaciones anteriores en su familia también han sido ministros. Neil Wiseman es un consultor eclesial que previamente fue pastor y profesor de desarrollo pastoral. En el libro del cual ambos son autores, *Pastores en gran riesgo*, incluyen las terribles estadísticas de una investigación conducida por el Seminario Teológico de Fuller.

- El 80% de los pastores dice que no pasan suficiente tiempo con su cónyuge y que el ministerio tiene un efecto negativo en sus familias.
- El 40% dice que tiene algún conflicto serio una vez al mes con alguno de los asistentes a su iglesia.

- El 33% menciona que estar en el ministerio es un peligro abierto para su familia.
- El 75% reporta que han tenido alguna crisis importante relacionada con el estrés por lo menos una vez en su ministerio.
- El 58% indica que su cónyuge necesita trabajar medio tiempo o tiempo completo para cubrir el presupuesto familiar.
- El 56% de las esposas de pastores dice que no tienen amigos cercanos.
- El 45% de las esposas de pastores dicen que el peligro más grande para ellas y para sus familias es el agotamiento físico, emocional, mental y espiritual.
- El 21% de las esposas de pastores quiere más privacidad.
- Los pastores que trabajan menos de 50 horas a la semana tienen un 35% más de probabilidades de ser relevados de sus funciones.
- El 25% de las esposas de pastores percibe el horario de trabajo de sus esposos como una fuente de conflicto.
- El 13% de los pastores se ha divorciado.
- El liderazgo pastoral cuenta con la segunda tasa más alta de divorcio entre todas las profesiones.
- El 48% de pastores piensa que estar en el ministerio es peligroso para el bienestar familiar.[3]

Sé que quizá usted no es un pastor pero, sin importar el lugar en el que desarrolle su liderazgo espiritual, las presiones del ministerio son intensas. ¿Qué significan estas estadísticas? Significan que todos los líderes espirituales necesitan oración.

El poder de compañeros de oración en 1400 a.C.

Una historia tomada de la vida de Moisés nos muestra una gran imagen de la importancia y el impacto del líder que recibe apoyo en oración, por parte de sus seguidores. Los hebreos estaban siendo atacados por los amalecitas. Josué debía dirigir el ejército y luchar mientras Moisés estaba de pie en un monte alzando su vara, lo cual simbolizaba el poder de Dios y la victoria. El plan funcionó hasta que los brazos de Moisés se cansaron. "E hizo Josué como le dijo Moisés, peleando contra Amalec; y Moisés y Aarón y Hur subieron a la cumbre del collado. Y sucedía que cuando alzaba Moisés su mano, Israel prevalecía; mas cuando él bajaba su mano, prevalecía Amalec." (Éxodo 17: 10-11). Afortunadamente, Moisés tenía dos hombres que se encargaron de sostenerle los brazos. Estos héroes desconocidos marcaron la diferencia entre la derrota y la victoria: "Y las manos de Moisés se cansaban; por lo que tomaron una piedra, y la pusieron debajo de él, y se sentó sobre ella; y Aarón y Hur sostenían sus manos, el uno de un lado y el otro de otro; así hubo en sus manos firmeza hasta que se puso el sol. Y Josué deshizo a Amalec y a su pueblo a filo de espada." (Versículos 12-13).

La verdad que podemos aprender en este evento tiene dos partes. Primero, las personas sólo pueden experimentar victoria plena *en la medida en que* su líder sostiene sus manos en alto -*en oración*- por ellos (1 Timoteo 2:1). Segundo, los líderes deben ser sostenidos por las oraciones de su gente.

E. M. Bounds fue un abogado exitoso; también fue pastor, editor y evangelista. Dedicó los últimos diecisiete años de su vida a la oración; durante ese tiempo se levantaba a las 4:00 a.m. sin excepción y oraba hasta las 7:00 a.m. En ese transcurso también escribió una serie de libros clásicos sobre la oración. En uno de sus escritos, en un capítulo titulado *El clamor del predicador: Oren por nosotros,* que se refiere al acontecimiento registrado en Éxodo 17, Bounds escribe: "Este evento de la historia de Israel ha sido tradicionalmente reconocido como una ilustración poderosa de la capacidad que tiene la gente para sostener a su pastor por medio de la oración y de cómo la victoria llega cuando el pueblo ora por su predicador... vemos una imagen sorprendente de la necesidad que tiene el pastor de que oren por él y de lo que pueden lograr en su vida las oraciones de su congregación".[4]

En su muy popular libro *Poder por medio de la oración* (1912), Bounds incluyó un capítulo llamado *Los predicadores necesitan las oraciones de su gente.* En ese capítulo asevera: "El aire es tan necesario para los pulmones como la oración para los predicadores. Es absolutamente necesario que el predicador ore y lo es también que oren por él... el predicador verdaderamente apostólico debe contar con las oraciones de otras personas para que su ministerio realmente pueda llegar a ser exitoso".[5]

Peter Wagner escribió un libro completo sobre la necesidad que tienen los líderes espirituales de que intercedan por ellos. La tesis del libro es muy clara: "La fuente más subutilizada del poder espiritual en nuestras iglesias hoy es la intercesión por los líderes cristianos".[6] Si queremos ser la iglesia victoriosa que Jesús predijo, debemos orar por nuestros líderes. Si esperamos llegar a ser los líderes que nuestras iglesias necesitan, debemos capacitar a nuestra gente para que ore por nosotros.

El poder de los compañeros de oración

En el primer siglo

En los primeros años del cristianismo, el legislador de Israel fue el rey Herodes, quien hizo ejecutar al apóstol Santiago con la esperanza de satisfacer a los judíos. Al ver que este hecho les agradó profundamente, también hizo arrestar a Pedro. Las cosas lucían bastante oscuras pero Lucas nos muestra lo que pasó detrás de escena: "Así que Pedro estaba custodiado en la cárcel; pero la iglesia hacía sin cesar oración a Dios por él." (Hechos 12: 5). "*Pero la iglesia hacía sin cesar oración a Dios por él*". La historia revela que cuando la iglesia ora sin cesar, suceden cosas impresionantes.

> *"Y cuando Herodes le iba a sacar, aquella misma noche estaba Pedro durmiendo entre dos soldados, sujeto con dos cadenas, y los guardas delante de la puerta custodiaban la cárcel. Y he aquí que se presentó un ángel del Señor, y una luz resplandeció en la cárcel; y tocando a Pedro en el costado, le despertó, diciendo: Levántate pronto. Y las cadenas se le cayeron de las manos. Le dijo el ángel: Cíñete, y átate las sandalias. Y lo hizo así. Y le dijo: Envuélvete en tu manto, y sígueme. Y saliendo, le seguía; pero no sabía que era verdad lo que hacía el ángel, sino que pensaba que veía una visión. Habiendo pasado la primera y la segunda guardia, llegaron a la puerta de hierro que daba a la ciudad, la cual se les abrió por sí misma; y salidos, pasaron una calle, y luego el ángel se apartó de él. Entonces Pedro, volviendo en sí, dijo: Ahora entiendo verdaderamente que el Señor ha enviado su ángel, y me ha librado de la mano de Herodes, y de todo lo que el pueblo de los judíos esperaba."* (Hechos 12:6-11).

La iglesia oraba y sucedían cosas. Debe haber sido algo hermoso presenciar la escena cuando Pedro llegó en la noche a la reunión de oración en la casa de María (versículos 12-17) y la conmoción que se generó en la prisión al día siguiente (versículos 18-19). Al poco tiempo, Herodes murió comido por gusanos (versículos 20-23). Además de eso, la Palabra de Dios crecía y se multiplicaba (versículo 24). ¡Maravilloso! La oración intercesora en favor de un líder espiritual marca la diferencia.

En el siglo dieciocho

Jonathan Edwards (1703-1758) fue un gran pastor, teólogo y evangelista de los Estados Unidos. Su sermón titulado *Pecadores en manos de un Dios airado* es considerado por muchos la semilla del Gran Avivamiento. Aparte de su influencia teológica y ministerial, Edwards también dejó un gran legado por medio de su familia. Muchos de los descendientes de Jonathan y Sarah llegaron a ser ciudadanos prominentes en los Estados Unidos, incluyendo el Vicepresidente Aaron Burr y tres presidentes de universidades. Edwards experimentó y analizó la naturaleza del impacto espiritual como muy pocos hombres lo han hecho. Al hablar de las características de los avivamientos, Edwards promovió la necesidad de orar por los líderes espirituales.

Si algunos de los cristianos que se han estado quejando de sus ministerios... se hubieran dedicado con todas sus fuerzas a clamar a Dios por sus ellos, si se hubieran, por así decirlo, levantado e inundado el cielo con sus oraciones fervientes, humildes e incesantes, con toda seguridad se habrían encaminado hacia el éxito.[7]

Si, tal como lo acabamos de leer, la excelencia propia de un ministro fuese la de ser una luz ardiente y brillante, entonces la responsabilidad más importante y apremiante de ustedes como congregación es la de orar fervientemente por su ministro, para que él sea lleno de la luz divina y del poder del Espíritu Santo, para cumplir sus funciones. De esa forma ustedes orarán por un gran beneficio para ustedes mismos porque si su ministro brilla y arde, les dará a ustedes luz y vida.[8]

En el siglo veintiuno

John Maxwell (1947-) tuvo un ministerio efectivo cuando sirvió como pastor de la iglesia Wesleyana Skyline en San Diego, California. Un crecimiento increíble sucedió cuando los miembros se involucraron en el ministerio y pasaron de 112 a 1800 personas. Maxwell atribuye el éxito, en parte, a dos factores. Primero, Dios le concedió un compañero de oración. En uno de sus escritos dice: "Crecí en un hogar cristiano en el cual la oración era algo importante; como pastor he pasado mucho tiempo en oración todos los días. Pero sólo fue hasta cuando Dios trajo a mí un compañero de oración que mi vida y mi ministerio explotaron con poder y los resultados empezaron multiplicarse de una forma increíble".[9] Luego Maxwell procede a contar cómo Hill Klassen, un caballero de cerca de sesenta años de edad, lo buscó para que se convirtiera en su compañero de oración y para rendirse cuentas mutuamente. Durante sus años en Skyline, las oraciones de Klassen marcaron la diferencia.

El segundo factor en el éxito de Maxwell fue el ministerio de compañeros de oración que él y Klassen organizaron en la iglesia. Los compañeros de oración eran un grupo de personas que hacían dos cosas. En primer lugar, oraban diariamente por John y, en segundo lugar, se reunían en pequeños grupos en un diminuto cuarto en una iglesia todos los domingos para cubrir el servicio con oración. Empezó con 31 hombres y creció hasta llegar a 120.

Max Lucado (1955-), el famoso autor cristiano, ha sido el pastor de toda la vida de la iglesia Oak Hills en San Antonio, Texas. Siguiendo el ejemplo de Maxwell, reclutó 120 personas para formar un equipo de oración. Hicieron un pacto para orar fervientemente *por* él y *con* él todos los días. Además, cada domingo el veinticinco por ciento de ellos llegaban más temprano a la iglesia y oraba por la congregación. Después de sólo seis meses, Lucado hizo una evaluación de los resultados del ministerio de los compañeros de oración:

¿Ha honrado Dios las oraciones de su pueblo? Aquí hay una muestra de lo que Dios ha hecho desde que organizamos los compañeros de oración:

- Hemos roto el record de asistencia los domingos un par de veces.
- Terminamos el año con la más alta asistencia -los domingos- que habíamos tenido en toda la historia de nuestra iglesia.
- Terminamos el año, aférrense a sus sillas, con dinero de sobra en el presupuesto.
- Hemos añadido tres nuevos miembros a la junta y seis ancianos.
- Hemos presenciado varias sanidades significativas...
- La discrepancia en nuestra iglesia está disminuyendo y la unidad está en un punto muy alto.

Lo más significativo es que invitamos a nuestra iglesia a cuarenta días de oración y ayuno, pidiendo a Dios a que haga brillar su gloria sobre su pueblo. Estoy más convencido que nunca de algo, cuando trabajamos, obramos nosotros. Cuando oramos, Dios obra.[10]

Mi gente ora por mí

En el año 1800, en Londres, Charles Spurgeon dirigió la que se convirtió en una de las iglesias más grandes desde el primer siglo con una asistencia de diez mil personas cada semana. También fundó una universidad exitosa y fue un autor ampliamente respetado y leído. Cuando le preguntaban la razón de su inusual éxito, Spurgeon solía responder simplemente: "Mi gente ora por mí".[11] Otro escritor anotó que parte del secreto de la efectividad de Spurgeon se originaba en "... las oraciones de un hermano analfabeta que se paraba en los escalones del púlpito rogando por el éxito de los sermones".[12]

Los héroes desconocidos

Suelo leer con asombro las historias de los poderosos avivamientos que sucedieron bajo el liderazgo de *Charles Finney* (1792-1895). Pueblos enteros fueron agitados por los vientos de sus avivamientos. Se dice que el ochenta por ciento de los que se convirtieron en sus reuniones soportaron la prueba del tiempo. Usualmente la presencia y el poder de Dios eran tan intensos en las comunidades que visitaba en la parte central de Nueva York, que las personas se arrepentían o morían. Por ejemplo, en una ocasión la presencia de Dios fue tan profunda que un molino tuvo que ser cerrado porque ninguno de los trabajadores podía parar de llorar sin que Finney hubiera hablado una sola palabra. Un total de tres mil personas se convirtió en ese pequeño pueblo. La efectividad inicial del ministerio de Charles Finney se puede estudiar y su origen está en una galería desconocida de compañeros de oración. Los dos más notables fueron Abel Carey y Daniel el "padre" Nash. Usualmente ellos se adelantaban unos días al sitio al cual vendría Finney y oraban; oraban con él durante el día después de su llegada y solían también interceder por él en otro lugar mientras se realizaban las reuniones vespertinas.

Nash (1763-1837), quien se retiró del pastorado a la edad de cuarenta y ocho años para dedicarse plenamente a orar por el ministerio de Finney, llegaba en silencio a los pueblos que visitaría Charles tres o cuatro semanas antes de que se celebraran las reuniones. En esos lugares se reunía con otros tres o cuatro cristianos, alquilaban un cuarto y empezaban a orar y a clamar por un avivamiento. Finney escribió más adelante lo siguiente sobre Daniel Nash:

En una ocasión al llegar a un pueblo para iniciar un avivamiento, se me acercó una dama que dirigía una pensión y me dijo: "Hermano Finney, ¿conoce usted a un tal padre Nash? Él y otros dos hombres han estado en mi pensión durante los últimos tres días pero no han probado un bocado de alimento. Abrí la puerta y les eché un vistazo porque los oía gemir, y observé que estaban tirados sobre sus rostros. Han estado así los últimos tres días, postrados en el piso y gimiendo. Pensé que algo terrible les estaba sucediendo pero tenía miedo de entrar porque no sabía que hacer. ¿Podría usted por favor venir y observar qué sucede?"

"No es necesario", respondí. "Lo que sucede sencillamente es que ellos tienen un espíritu de tribulación en la oración".[13]

Es importante anotar que poco después de la muerte de Nash, Finney se retiró de la ardua tarea de dirigir avivamientos.

El secreto se ha descubierto

Aunque Charles Finney fue conocido por la forma poderosa en la que Dios lo usó para impactar ciudades enteras para Cristo y producir avivamientos asombrosos, fue un practicante apasionado y estudiante fervoroso de los avivamientos y del papel que la oración jugaba en ellos. Al observar el inusual espíritu de efectividad que caracterizaba el ministerio de otro pastor, Finney sintió que había descubierto el secreto.

En una ocasión conocí a un ministro que condujo catorce avivamientos seguidos durante los inviernos de esos catorce años. Yo no sabía cómo comprender eso hasta el día en que vi a uno de los miembros de su congregación ponerse en pie en una reunión de oración y hacer una confesión. "Hermanos", dijo, "durante mucho tiempo he tenido el hábito de orar todos los sábados en la noche hasta después de media noche para que el Espíritu Santo descienda entre nosotros y ahora, hermanos", empezó a llorar, "confieso que lo he dejado de hacer durante dos o tres semanas". El secreto había sido descubierto. El ministro tenía una iglesia de oración.[14]

Mi historia favorita sobre los compañeros de oración

Después de que la iglesia de D.L. Moody se quemara en el gran incendio sucedido en Chicago en 1871, él hizo un corto y secreto viaje de estudios a Inglaterra. Al estar allá, un pastor lo reconoció y lo invitó a predicar en su iglesia. Predicó en el servicio matutino del domingo y las personas parecían indiferentes a sus palabras pero el servicio vespertino fue completamente diferente. Uno de los asistentes aseveró: "A las seis treinta de la tarde, parecía, mientras Moody predicaba, como si la atmósfera estuviera cargada con el Espíritu de Dios. Habían un silencio en todas las personas y una pronta respuesta a sus palabras, aunque ese día Moody no había estado mucho en oración y no lo podía entender".[15]

Después del mensaje, Moody les pidió a las personas que deseaban volverse cristianas que se pusieran en pie. Cientos de personas lo hicieron. Pensando que habían entendido mal su invitación, les dijo: "Todos los que quieran ser cristianos diríjanse a la oficina de información". En segundo la oficina estaba colmada de personas. Una vez más Moody trató de disminuir el grupo; les dijo que si *realmente* querían volverse cristianos debían ponerse en pie. Todos los hicieron. En ese momento Moody oró por ellos y les dijo que si *realmente* eran serios en su compromiso necesitaban volver la siguiente noche. Para su sorpresa el lunes en la noche vinieron más personas que el domingo. El espontáneo avivamiento duró diez días con más de cuatrocientas profesiones de fe que se unieron a la iglesia.

El resto de la historia

Moody era lo suficientemente sabio como para reconocer que alguien debía estar orando. Durante esos diez días, Moody siguió preguntando hasta que encontró a una chica postrada en cama que se llamaba Marianne Adlard. Ella pasaba muchas horas al día intercediendo por su iglesia.

Tiempo atrás ella había leído un artículo sobre un americano que se llamaba D. L. Moody. Luego de leer sobre el dinámico ministerio de Moody con los pobres en la ciudad de Chicago, arrancó el artículo de una revista y lo puso bajo su almohada. Luego empezó a orar: "Oh Señor, envía a este hombre a nuestra iglesia". El domingo en que Moody predicó en esa iglesia, la hermana de la chica volvió a casa y le preguntó a Marianne: "¿Quién crees que estaba predicando esta mañana?" Puesto que Marianne no logró adivinar, su hermana respondió: "D. L. Moody de América". "Yo sé lo que eso significa", replicó Marianne. "Dios ha respondido mis oraciones".[16]

EL *resto*, del resto de la historia

El 15 de noviembre de 1978 ha sido una de las pocas ocasiones en las que he dejado de asistir a la iglesia. Era un miércoles por la noche y yo era estudiante universitario. Tenía un fuerte resfriado y me quedé en cama por causa de la fiebre. Puesto que no podía dormir me puse a leer la biografía de Moody. Cuando leí la historia de Adlard, Dios me habló. Me levanté de la cama y me puse de rodillas pidiéndole a Dios que mostrara su poder en la reunión de oración. Al día siguiente, escribí estas palabras al margen de mi copia de la biografía de Moody: "Enfermo me quedé en casa y no pude asistir a la reunión de oración, por eso oré por un avivamiento y ¡DIOS RESPONDIÓ! En la iglesia pasaron una hora y veinte minutos en oración y luego cuando mis compañeros de cuarto volvieron de la iglesia pasaron una hora en una reunión de oración en mi cuarto. ¡DIOS RESPONDIÓ!"

Uno de los chicos que vivía en el pasillo contiguo venía apasionado de la iglesia; tenía una profunda convicción. Literalmente me sacó de la cama y me hizo poner de rodillas rogándome que orara por él. Lo guié a Cristo en ese mismo instante. En la actualidad es un pastor. Luego mi cuarto se llenó de jóvenes varones y una espontánea reunión de oración tuvo lugar en ese momento en la cual varios de ellos se arrepintieron de su pecado y comprometieron sus vidas una vez más para Cristo.

La intercesión marca la diferencia hoy

Nancy Pfaff entrevistó a ciento treinta pastores, evangelistas y misioneros, como parte de un proyecto para sus estudios de postgrado. Ciento treinta intercesores entrenados oraron por esos hombres, quince minutos diarios, durante todo un año. Cerca del ochenta y nueve por ciento de los encuestados dijeron que las oraciones habían contribuido de forma positiva a la efectividad de sus ministerios. Reportaron que consecuentemente el uso de sus dones se había incrementado y que veían una mejor respuesta a sus ministerios y mayor discernimiento y sabiduría de parte de Dios. También tenían mejores actitudes, mejores vidas personales de oración y unas habilidades de liderazgo mucho más fuertes. La investigación de Nancy también descubrió que la oración diaria era más efectiva que la oración semanal o mensual. De los ciento nueve pastores por los cuales estaban orando, el sesenta por ciento indicó que sus iglesias habían crecido como resultado del trabajo de llegar a personas que no se estaban congregando. Un pastor vio crecer la iglesia de quince a seiscientos miembros. Pfaff concluyó: "Existe una tremenda reserva de poder en la oración que no se usa en todas las iglesias, la cual puede ser afirmada, entrenada y explotada para ver a los perdidos convertidos, a los apáticos avivados, a los que se apartan, restaurados y a los que se comprometen, mucho más efectivos".[17]

Cómo obtener poder a través de compañeros de oración

Tengo dos sugerencias. *Primero* pídale a Dios que le dé alguien *con* quien usted pueda orar. Puede ser un compañero, un socio o un amigo. Por ejemplo, cuando yo estaba en la universidad hice un pacto de no ir a dormir una vez a la semana si no oraba con mi compañero de cuarto. Nuestro pacto de oración desarrolló unidad y produjo respuestas. *Segundo*, le recomiendo que desarrolle un grupo de personas que oren *por* usted. Cuando fui pastor desarrollé un grupo de doce hombres que oraban por mí todos los días. Lo que hice fue lo siguiente:

1. Oré para saber a qué hombres invitar a asumir ese compromiso.

2. Les envié una carta personal explicándoles mi necesidad de recibir oración y pidiéndoles que vinieran a un desayuno especial un día sábado.

3. En esa reunión, puse un fundamento bíblico para los compañeros de oración (Éxodo 17; Hechos 12; 1 de Tesalonicenses 5:25; 2 Tesalonicenses 3:1; Romanos 15:30; Efesios 6:19; Colosense 4:3). Les expliqué mi necesidad

personal de tener con compañeros de oración. Les pedí que hicieran un compromiso de un año para:

- Orar por nuestra iglesia, por ellos mismos y por sus familias, todos los días.
- Dedicar unos cuantos minutos de tiempo extra a orar por mí un día a la semana.
- Dedicar unos minutos todos los sábados por la noche a orar por mí.

Los doce estuvieron de acuerdo; entonces oramos juntos los unos por los otros durante un año.

4. Cada dos semanas me reuní con ellos para realizar un estudio bíblico y para orar. También compartía mis peticiones de oración para las dos semanas siguientes.

Ese año las cosas funcionaron muy bien. Nuestra iglesia creció más y se bautizaron más personas que el año anterior. Mi salud mejoró al igual que mi matrimonio y mi tiempo con Dios. Los llamé mis "valientes" en honor a los valientes de David que aparecen registrados en 2 Samuel capítulo 23. Durante una inmensa reunión de hombres, los reconocí en público y les entregué una camiseta gris en la cual estaban escritas las palabras,

Hombre valiente

2 Samuel 2:23

Desde 1998

Pensé que les parecería cursi. Pero, para mi sorpresa, les encantó. Le dije al resto de los hombres que para obtener una camiseta de "VALIENTE", tenían que hacer un compromiso de un año. Rápidamente obtuve un total de veinticinco "VALIENTES". Fue otro año estelar. Al siguiente año recluté un equipo de cincuenta hombres con un compromiso de orar por mí todos los días durante un año. Varios de ellos se unieron en grupos que oraban durante los servicios de adoración todos los domingos.

Puesto que todos eran hombres, usé la imagen de un equipo de fútbol para ayudarlos a entender la importancia que tenían. Una vez más parecía cursi, pero fue efectivo. Los llamé la línea ofensiva y les dije que su trabajo era bloquear al enemigo; les dije: "No puedo marcar anotaciones si ustedes no bloquean. Como capitán del equipo no puedo hacer mi trabajo efectivamente (es decir hacer pases para que otros anoten, como por ejemplo, enseñar para que las personas se salven o tengan un cambio significativo) si ustedes no hacen el trabajo suyo (bloquear al enemigo con sus oraciones). Al igual que un equipo de fútbol, yo recibo más crédito cuando las cosas marchan bien y más culpa cuando van mal, pero cuando alguien es salvo o libre todos recibiremos trofeos de campeones en el cielo".

También les dije que la oración intercesora es recíproca (vea Job 42:10). Cuando oraran a Dios para que bendijese mi matrimonio, Dios no sólo lo bendeciría sino que también bendeciría el de *ellos*. Cuando le pidieran a Dios que bendijera a mis hijos, Dios no sólo bendeciría los *míos* sino también los de *ellos*. Cuando rogaran por *mi* salud, finanzas o ministerio, Dios bendeciría las de *ellos*.

Una de las cosas que más extraño del hecho de ser pastor es a mis valientes. ¿Por qué no utiliza el poder de la intercesión para traer mayores bendiciones a *su* ministerio?

Guía de aplicación

¿Cuáles son las dos o tres ideas principales que desea recordar de este capítulo?

1. ______________________________

2. ______________________________

3. ______________________________

Seleccione el líder o líderes cristianos que están sobre usted en autoridad o influencia. Haga un pacto de *orar por ellos* tal como a usted le gustaría que oraran por usted. Escriba el nombre de ellos abajo.

____

____

____

____

____

Pídale a Dios que le conceda un equipo de intercesores para que *oren por usted*. Haga una lista de esos potenciales compañeros de oración.

Planee la forma en la que usted entrenará, agradecerá y se comunicará con sus compañeros de oración.

Escriba los primeros tres pasos de su plan:

1. ______________________________

2. ______________________________

3. ______________________________

CAPÍTULO 5

Convierta Sus Problemas En Oración

Un número excesivo de buenos líderes, se agota en extremo por el inmenso peso que conlleva el hecho de ser un líder espiritual. Cada mes, un número aproximado de dos mil pastores renuncia al ministerio y nunca lo vuelven a asumir.[1] Una investigación de hace veinticinco años demostró que el clérigo se enfrentaba al estrés mejor que la mayoría de los profesionales. Sin embargo, desde 1980, estudios realizados en los Estados Unidos demuestran un cambio preocupante. Recientes investigaciones describen que el agotamiento extremo aumenta entre los pastores. Un estudio concluyó que tres de cada cuatro ministros (de una muestra total de once mil quinientos) reportaron estrés que generaba "angustia, preocupación, ira, desconcierto, depresión, temor y alienación".[2]

En una reciente encuesta realizada en las Asambleas de Dios, el 17 por ciento de los que respondieron dijo que muy a menudo se sentían tan deprimidos que su desempeño ministerial se veía afectado. Otro 20 por ciento dijo que experimentaba ese nivel de depresión cada dos o tres meses.[3]

> En la edición de septiembre – octubre del 2000 de la revista *Physician* (El Doctor), el Dr. Walt Larimore, vicepresidente de ministerios médicos de Enfoque a la Familia, junto con el reverendo Bill Peel, reportaron que el 80 por ciento de los pastores y el 84 por ciento de sus cónyuges se sienten desilusionados o se enfrentan a la depresión. El 40 por ciento de los pastores y el 47 por ciento de sus cónyuges dicen que están padeciendo agotamiento extremo. El promedio entre los hombres en nuestro país que sufren de depresión es cercano al 10 por ciento. El promedio entre pastores es de 40 por ciento.[4] Estas cifras se refieren a los pastores pero cabe preguntarse qué sucede con todos los líderes laicos que sobrepasan el nivel de agotamiento extremo y que también renuncian al ministerio. Muchos otros permanecen en sus posiciones pero experimentan las mismas dificultades que aquellos que renuncian.

Todos los líderes se enfrentan a presiones y problemas. Mi pastor solía decir que para el líder espiritual hay dos días malos por cada día bueno. Enfrentar dificultades es parte de la labor del líder; en un sentido, si no hubiese problemas, los líderes serían innecesarios.

Practique la mayordomía espiritual

En sus cuarenta años como líder, Moisés ciertamente se enfrentó a un cúmulo de problemas y a cientos de inconvenientes. Lucho con tratar de comprender lo que debió ser guiar a un millón de *bebés espirituales* quejumbrosos en medio de un desierto, ¡siquiera un año! Mucho menos puedo imaginar lo que fue sentir cierto nivel de responsabilidad por las necesidades físicas, materiales y espirituales de ese grupo de personas durante ¡*cuarenta* años! Me resulta difícil entender el peso de la responsabilidad de establecer una nueva nación con esa multitud de esclavos tan desordenados y heterogéneos. ¡Pobre Moisés!

Cuando lea Éxodo y Números, note el número de veces en los que toda la nación se levantó, como si fueran bebés mal criados, y se quejó *ante* Moisés y *de* Moisés. Al parecer pasaban de una crisis que los hacía quejarse, a otra.

"Y toda la congregación de los hijos de Israel murmuró contra Moisés y Aarón en el desierto." (Éxodo 16:2)

"Y altercó el pueblo con Moisés, y dijeron: Danos agua para que bebamos." (Éxodo 17:2)

"*Y la gente extranjera que se mezcló con ellos tuvo un vivo deseo, y los hijos de Israel también volvieron a llorar y dijeron: ¡Quién nos diera a comer carne!*" (Números 11:4)

¡*Y se quejaron contra Moisés y contra Aarón todos los hijos de Israel; y les dijo toda la multitud: ¡Ojalá muriéramos en la tierra de Egipto; o en este desierto ojalá muriéramos!* "(Números 14:2)

"Aconteció que el pueblo se quejó a oídos de Jehová; y lo oyó Jehová, y ardió su ira." (Números 11:1)

Pobre Moisés; piense en su experiencia. Su pueblo producía una frustración tan grande que incluso agotaron la paciencia del Señor.

Sí, todos los líderes enfrentan dificultades. Pero el gran asunto es "cómo lidia usted con ellas". Todos los líderes efectivos descritos en este libro, especialmente Moisés, tenían desarrollada la habilidad de solucionar problemas muy serios, a un nivel muy alto. Moisés, al igual que otros, fue dotado con el don de abordar sus problemas a través la oración. Eso significa lo siguiente, en lugar de llevar los problemas del pueblo de Dios sobre sus hombros, Moisés constantemente los llevaba ante Dios. Este poderoso principio para el liderazgo de ser un "mayordomo de oración" se ve frecuentemente en la historia al guiar al pueblo por el desierto (por ejemplo Éxodo 17:4; Números 11:13-14). Pero el concepto pleno se encuentra sucintamente resumido al final de la oración de Moisés en Éxodo 33 cuando dijo: "Y mira que esta gente es pueblo tuyo." (Versículo 13).

"*Tu pueblo*". Un número demasiado grande de buenos líderes se agotan al extremo bajo el inmenso peso del liderazgo espiritual. La solución de Moisés ante el agotamiento fue ejercer una mayordomía de oración. Obró sabiamente y no llevó las cargas sobre sus hombros sino que presentó los problemas del pueblo de Dios al mismo Dios, en oración.

He aprendido que aunque rara vez es la única solución, la oración *siempre* es parte de la solución a un difícil problema. Para mí, entre más y mejor oro, menos me preocupo.

Convierta sus problemas en oración

A mil trescientos kilómetros de distancia de su tierra natal y trabajando para un hombre no creyente, Nehemías escuchó una noticia que le desgarró el corazón, Jerusalén estaba en ruinas y en afrenta. Aunque este hombre había llegado a una posición muy alta y de gran prestigio profesional, tenía un tierno corazón hacia Dios y hacia su pueblo. Las malas noticias conmovieron sus emociones y tocaron su corazón. Él lloró, se lamentó, ayunó, y no se detuvo sólo en eso; también *oró*. "Cuando oí estas palabras me senté y lloré, e hice duelo por algunos días, y ayuné y oré delante del Dios de los cielos." (Nehemías 1:4).

Nehemías convirtió sus problemas en oración. Los siguientes siete versículos contienen una de las oraciones más poderosas y nobles que se haya registrado en toda la Biblia pero creo que hay algo más importante que el *contenido* de la oración y es el *hecho* de que oró y que lo hizo *antes* de hacer cualquier otra cosa. Todo lo demás en el libro de Nehemías surge de esa oración. Aunque los líderes de Dios tienden a ser hombres y mujeres de acción, la primera respuesta de los líderes de alto impacto es la oración. Siempre que Nehemías se enfrentó a una crisis, primero optó por postrarse de rodillas. Cuando el malvado Sanbalat trató de intimidarlo a él y a su pueblo, convirtió la amenaza en una oración y siguió trabajando. (Nehemías 4:1-9). Cuando sus enemigos trataron de engañarlo y desmotivarlo, oró por fortaleza (Nehemías 6:1-9). Cuando enviaron a otro hombre para que lo desmotivara y lo hiciera huir para salvar su vida, se rehusó, oró y terminó el trabajo (Nehemías 6:10-15).

Por supuesto que es mejor orar antes que los problemas se vislumbren en el horizonte, pero usualmente eso no es posible. Por eso, los líderes deben aprender que cuando los problemas llegan, necesitan orar; ante todo orar y luego, seguir orando, hasta que sepan qué hacer, o hasta que tengan paz porque Dios tiene todo bajo control. Al igual que Moisés lo hizo antes, Nehemías llevó sus problemas a Dios. Los líderes espirituales efectivos convierten sus problemas y transforman las presiones que enfrentan, en oraciones.

Convierta sus presiones en oración

En los evangelios hay quince recuentos que nos muestran a Jesús orando. Once de ellos se encuentran en el evangelio de Lucas. ¿Por qué? La respuesta es que de los cuatro evangelistas, Lucas se concentró principalmente en el aspecto *humano* de Jesús. Por supuesto que Jesús fue plenamente Dios pero también fue plenamente hombre. Lucas quería que viéramos que Cristo tuvo una vida de oración porque era un líder *humano*. Si Jesús, en su humanidad, necesitaba orar, ¿cuánto más lo necesitamos usted y yo?

Jesús convirtió las presiones diarias de su ministerio, en oraciones matutinas diarias

Como lo estudiamos en el capítulo dos, Jesús convirtió las presiones diarias del ministerio en oraciones diarias matutinas. "Levantándose muy de mañana, siendo aún muy oscuro, salió y se fue a un lugar desierto, y allí oraba." (Marcos 1:35). Observe que Jesús no disfrutó sencillamente un tiempo matutino de placentera oración y luego volvió a su cama a descansar. El evangelio de Marcos nos cuenta que Él usó su tiempo de oración en la mañana como punto de partida de otro ocupado día de ministerio.

> *"Y le buscó Simón, y los que con él estaban; y hallándole, le dijeron: Todos te buscan. Él les dijo: Vamos a los lugares vecinos, para que predique también allí; porque para esto he venido. Y predicaba en las sinagogas de ellos en toda Galilea, y echaba fuera los demonios."*
>
> (Marcos 1:36-39)

Al reflexionar sobre lo que este tiempo diario de oración significaba para Jesús, S. D. Gordon observó: "La oración aclara la visión de una forma maravillosa, tranquiliza los nervios, define las responsabilidades, afirma el propósito y endulza y fortalece el espíritu. Entre más ocupado era el día para Él, más guardaba su cita matutina; e incluso, al parecer, iniciaba más temprano".[5]

Jesús se enfrentó a las presiones fuertes, de rodillas

Ningún humano ha tenido que enfrentar tanta presión como Jesucristo: Él tuvo que vivir una vida humana y afrontar la muerte que finalmente salvaría al mundo del pecado. La tensión más fuerte que enfrentó estuvo relacionada con su crucifixión. Durante un año predijo su crucifixión varias veces (Mateo 12:40; 17:9, 12,22; 20:18; 27:63; Marcos 9:12, 31; Lucas 17:25; 18:32; 24:7; Juan 2:19). Los horrores que lo esperaban en la cruz se manifestaban delante de Él; sabía que pronto sería arrestado, juzgado, golpeado y asesinado. Sabía que estaba a punto de experimentar algunas de las torturas físicas más fuertes que eran comunes en el primer siglo. Además de eso estaba la angustia emocional de ser traicionado por sus discípulos, abandonado por sus amigos, rechazado por la multitud y despreciado por los líderes religiosos. Pero, lo más terrible de todo es que Jesús sabía que estaba a punto de enfrentar la peor pesadilla que cualquier ser humano jamás enfrentaría. El Hijo de Dios sin pecado, por primera vez en la eternidad, experimentaría el pecado. Imagine la situación; todos los pecados de todas las personas, de todos los tiempos, iban a ser puestos en Jesús. Incluso más allá de eso; por ser el peor pecador de toda la historia, Jesús enfrentaría la justa ira y el recto juicio de Dios, su Padre, cuando el pecado fuera castigado sobre Él. En las terribles horas posteriores a la última cena y justo antes de su arresto, las emociones que soportó fueron totalmente abrumadoras. Lo irónico y simbólico es que Jesús fue a un lugar llamado Getsemaní en el monte de los olivos. La palabra *Getsemaní* significa "la prensa del aceite" porque se utilizaban inmensas prensas de madera para sacarle el aceite a los olivos. De la misma forma Jesús se enfrentó a la intensa presión de su futura crucifixión. ¿Cómo se enfrentó Jesús a tal nivel de presión, tensión y estrés intensos? Convirtió todo eso en oración.

> "*Y saliendo, se fue, como solía, al monte de los Olivos; y sus discípulos también le siguieron. Cuando llegó a aquel lugar, les dijo: Orad que no entréis en tentación. Y él se*

apartó de ellos a distancia como de un tiro de piedra; y puesto de rodillas oró, diciendo: Padre, si quieres, pasa de mí esta copa; pero no se haga mi voluntad, sino la tuya. Y se le apareció un ángel del cielo para fortalecerle. Y estando en agonía, oraba más intensamente; y era su sudor como grandes gotas de sangre que caían hasta la tierra." (Lucas 22:39:44)

Dudo que cualquiera de nosotros pueda comprender la profundidad de lo que Jesús soportó. El estrés que Él enfrentó se convirtió en sudor que era como "gotas de sangre que rodaban de su frente". ¿Cómo sobrevivió a eso? Se arrodilló y oró. Si Jesús sintió la necesidad de convertir sus intensas presiones y problemas en oración, ¿Cuánto más usted y yo deberíamos sentir y hacer lo mismo?

Grite y pida ayuda

David también fue un líder que se enfrentó a una inmensa presión. Cuando era joven, literalmente se enfrentó a un gigante asesino. Luego, cuando todo parecía andar bien, casi fue asesinado por su rey y obligado a huir de su hogar y su familia, pasando años como el fugitivo más buscado en la historia de Israel. Durante ese tiempo y en sus primeros años como rey, repetidamente tuvo que luchar contra los bárbaros filisteos. Incluso después de ser rey por muchos años, se enfrentó al vergonzoso estrés de ser obligado a abandonar su trono cuando su propio hijo lanzó un golpe de estado en su contra. Al estudiar las oraciones de este hombre, encontramos un asunto muy revelador. La oración más frecuente de David no fue para nada fluida y elocuente, sino corta y concisa. De hecho, estaba contenida en una sola palabra: "¡Ayuda!". Una y otra vez David corrió hacia Dios clamando ayuda. Observe los siguientes versículos (énfasis añadido):

"*Está atento a la voz de mi clamor, Rey mío y Dios mío, Porque a ti oraré.*" (Salmo 5:2)

"*Salva, oh Jehová, porque se acabaron los piadosos; Porque han desaparecido los fieles de entre los hijos de los hombres.*" (Salmo 12:1)

"*En mi angustia invoqué a Jehová, Y clamé a mi Dios. El oyó mi voz desde su templo, Y mi clamor llegó delante de él, a sus oídos.*" (Salmo 18:6)

"*Mas tú, Jehová, no te alejes; Fortaleza mía, apresúrate a socorrerme.*" (Salmo 22:19)

"*Oye la voz de mis ruegos cuando clamo a ti, Cuando alzo mis manos hacia tu santo templo*". (Salmo 28:2)

"*Jehová Dios mío, a ti clamé, y me sanaste*". (Salmo 30:2)

"*Oye, oh Jehová, y ten misericordia de mí; Jehová, sé tú mi ayudador*". (Salmo 30:10)

"*Decía yo en mi premura: Cortado soy de delante de tus ojos; Pero tú oíste la voz de mis ruegos cuando a ti clamaba*". (Salmo 31:22)

"*Apresúrate a ayudarme, oh Señor, mi salvación*". (Salmo 38:22)

"*Oye mi oración, oh Jehová, y escucha mi clamor. No calles ante mis lágrimas.*" (Salmo 39:12)

"*Quieras, oh Jehová, librarme; Jehová, apresúrate a socorrerme.*" (Salmo 40:13)

"*No por falta mía, ni pecado mío, oh Jehová; Sin delito mío corren y se aperciben. Despierta para venir a mi encuentro, y mira.*" (Salmo 59:4)

"*Salva con tu diestra, y óyeme.*" (Salmo 60:5)

"*Cansado estoy de llamar; mi garganta se ha enronquecido; Han desfallecido mis ojos esperando a mi Dios.*" (Salmo 69:3)

"*Oh Dios, acude a librarme; Apresúrate, oh Dios, a socorrerme.*" (Salmo 70:1)

"*Salva con tu diestra y respóndeme.*" (Salmo 108:6)

"*Ayúdame, Jehová Dios mío; Sálvame conforme a tu misericordia.*" (Salmo 109:26)

Quizá usted no esté seguro de cómo orar ni qué decir, pero siempre podrá orar lo que David oró porque siempre puede clamar AYUDA a Dios.

Ayuda (parte dos)

Todo iba bien para Judá y el buen rey Asa hasta el día en que un problema se manifestó desde Egipto. El problema de Asa se deletreaba A-S-E-R-A. Asera era el gran guerrero etíope que conducía una poderosa máquina de guerra de un millón de tropas *y* trescientas carrozas. Asa era superado en número por cuatrocientos mil tropas preparadas y no tenía defensa contra la devastadora velocidad y el poder de las carrozas. Sería una masacre. Y lo fue… para Asera.

Verán, es que Asa era un líder muy efectivo. Él practicaba la mayordomía espiritual y convertía sus problemas en oración. "*¡Oh Jehová, para ti no hay diferencia alguna en dar ayuda al poderoso o al que no tiene fuerzas! Ayúdanos, oh Jehová Dios nuestro, porque en ti nos apoyamos, y en tu nombre venimos contra este ejército. Oh Jehová, tú eres nuestro Dios; no prevalezca contra ti el hombre.*" (2 Crónicas 14:11)

Ese es un excelente patrón para la oración efectiva. La oración total es corta; sólo contiene 27 palabras en hebreo. Contiene todo lo necesario y nada más. Su oración inicia con las palabras apropiadas de adoración: "Oh, Jehová, para ti no hay diferencia alguna en dar ayuda al poderoso o al que no tiene fuerzas". La adoración nos ayuda a orar. El rey manifestó su petición de una forma clara y sucinta: "Ayúdanos, oh Jehová Dios nuestro". Asa también le manifestó a Dios las razones por las cuales esperaba que respondiera su oración. En primera instancia, Judá dependía de Dios, no de ellos mismos o de alguien más: "porque en ti nos apoyamos". En segundo lugar, Judá representaba a Dios en esta causa: "y en tu nombre venimos contra este ejército". En tercer lugar, Judá pertenecía a Dios y era su aliada: "Oh Jehová, tu eres nuestro Dios". En cuarto lugar, la batalla en definitiva le pertenecía al Señor: "no prevalezca contra ti el hombre". La petición de ayuda que hizo el rey Asa funcionó y Dios le concedió una respuesta milagrosa, abundante y más allá de lo que él había pedido o pensado.

> "*Y Jehová deshizo a los etíopes delante de Asa y delante de Judá; y huyeron los etíopes. Y Asa, y el pueblo que con él estaba, los persiguieron hasta Gerar; y cayeron los etíopes hasta no quedar en ellos aliento, porque fueron deshechos delante de Jehová y de su ejército. Y les tomaron muy grande botín. Atacaron también todas las ciudades alrededor de Gerar, porque el terror de Jehová cayó sobre ellas; y saquearon todas las ciudades, porque había en ellas gran botín. Asimismo atacaron las cabañas de los que tenían ganado, y se llevaron muchas ovejas y camellos, y volvieron a Jerusalén.*"
>
> (2 Crónicas 14:12-15)

Extienda su problema ante el Señor

Doscientos años después del reinado del rey Asa, sucedió una historia semejante con otros personajes. La situación del rey Ezequías era semejante, excepto que su némesis era el rey asirio Senaquerib. Al igual que Asera, Senaquerib también tenía un inmenso ejército y carrozas poderosas. Jamás había sido derrotado y había destruido de forma avasalladora las nueve naciones que rodeaban a Judá desde el Líbano hasta Egipto. Ahora era el turno de aplastar a Judá. Senaquerib le envió a Ezequías una carta exigiendo una rendición incondicional. Los judíos podían escoger entre volverse esclavos de los asirios o ser masacrados. ¿Qué haría usted si se enfrentara a un dilema tan nefasto?

Ezequías hizo lo que los líderes espirituales efectivos han hecho a lo largo de todos los siglos. Practicó la mayordomía espiritual y convirtió sus problemas en oración. "Y tomó Ezequias las cartas de mano de los embajadores; y después que las hubo leído, subió a la casa de Jehová, y las extendió Ezequías delante de Jehová." (2 Reyes 19:14). Observe con cuidado las últimas seis palabras del versículo catorce: "las extendió delante de Jehová". Ezequías tomó la carta de Senaquerib y subió al templo del Señor. Allí la extendió delante del Señor en oración. Esa es la forma sabia en la que un líder espiritual afronta sus problemas.

Observe lo que sucedió: "Y aconteció que aquella misma noche salió el ángel de Jehová, y mató en el campamento de los asirios a ciento ochenta y cinco mil; y cuando se levantaron por la mañana, he aquí que todo era cuerpos de muertos." (2 Reyes 19:35). Cuando Senaquerib se despertó y vio lo que había sucedido, se sintió tan aterrado que él y lo que le quedaba de su ejército decidieron empacar y marcharse directo a casa. A Dios no le gustaba la arrogancia de Senaquerib pero *sí* le agradó la oración de Ezequías. Lo único que pudieron hacer los soldados de Ezequías fue recoger el botín que los asirios dejaron en su afanosa retirada. Ezequías le entregó su problema a Dios y el Señor luchó la batalla por ellos y venció con todo poder.

Entregue sus preocupaciones

En los últimos años de su vida, David tuvo más de un problema. Se enfrentó a un desorden doloroso, horrible, miserable, generalizado y terrible. Los conflictos sin resolver en su familia aumentaban y amenazaban con derrocar su reino. El propio hijo de David, Absalón, conspiró contra su liderazgo. Los rumores, los falsos reportes y el asesinato se manifestaban de forma rampante a lo largo de Jerusalén. Como padre, David no podía luchar contra su propio hijo pero como rey, tampoco debía quedarse solamente sentado. ¿Qué podía hacer? David usó una de sus mejores herramientas y manifestó el gran secreto de su liderazgo; convirtió su problema en oración. El Salmo 55 es esa oración. A continuación aparecen algunas partes de esa oración:

> *"Escucha, oh Dios, mi oración, Y no te escondas de mi súplica. Está atento, y respóndeme; Clamo en mi oración, y me conmuevo."* (Versículos 1-2)
>
> *Maldad hay en medio de ella, Y el fraude y el engaño no se apartan de sus plazas. Porque no me afrentó un enemigo, Lo cual habría soportado; ni se alzó contra mí el que me aborrecía, porque me hubiera ocultado de él; sino tú, hombre, al parecer íntimo mío, mi guía, y mi familiar; Que juntos comunicábamos dulcemente los secretos, Y andábamos en amistad en la casa de Dios.* (Versículos 11-14)
>
> *En cuanto a mí, a Dios clamaré; y Jehová me salvará. Tarde y mañana y a mediodía oraré y clamaré, Y él oirá mi voz. El redimirá en paz mi alma de la guerra contra mí, Aunque contra mí haya muchos.* (Versículos 16-18)

> *Echa sobre Jehová tu carga, y él te sustentará; No dejará para siempre caído al justo.* (Versículo 22)

"A Dios clamaré", "clamaré", "echa sobre Jehová tu carga, y Él te sustentará". Ese era el plan de David. Convertir los problemas en oraciones. Usted también puede echar su carga sobre el Señor y permitir que Él lo sustente.

Entregue sus preocupaciones (parte 2)

El apóstol Pedro también conocía las presiones y los problemas. Soportó la prueba de las fallas propias cuando negó a Jesús tres veces y también se enfrentó a la presión de una fiera persecución. Experimentó los dolores que surgen cuando crece el ministerio. ¿Cómo afrontó esa presión y esos problemas? Los convirtió en oración. Por ejemplo, después de que Pedro, al dirigirse al templo, sanó al mendigo lisiado, fue arrestado junto a Juan y llevado ante el mismo hombre que había decidido crucificar a Jesús. Fueron interrogados y amenazados antes de ser puestos en libertad. ¿Cuál fue la respuesta de ellos? "Y puestos en libertad, vinieron a los suyos y contaron todo lo que los principales sacerdotes y los ancianos les habían dicho. Y ellos, habiéndolo oído, alzaron unánimes la voz a Dios." (Hechos 4:23-24).

Cuando la iglesia experimentó las dificultades que vienen al crecer mucho, Pedro y los otros pensaron en un plan. Se rehusaron a ser derrotados por *la tiranía de lo urgente* y más bien decidieron delegar algunas de sus responsabilidades administrativas para continuar con la prioridad de la oración:

> "*Buscad, pues, hermanos, de entre vosotros a siete varones de buen testimonio, llenos del Espíritu Santo y de sabiduría, a quienes encarguemos de este trabajo. Y nosotros persistiremos en la oración y en el ministerio de la palabra.*" (Hechos 6:3-4).

Más adelante, cuando Pedro le escribió a su rebaño esparcido y perseguido, también se dirigió a los ancianos. Inmerso en su consejo estaba el secreto para superar la tensión y la ansiedad del ministerio: "echando toda vuestra ansiedad sobre él, porque él tiene cuidado de vosotros." (1 Pedro 5:7). En otras palabras, necesitamos convertir nuestras ansiedades y nuestros problemas en oración.

Use listas de preocupaciones

Martín Lutero resumió la clave para superar la ansiedad en siete palabras poderosas: "Ore y deje que Dios se preocupe".[6] El apóstol Pablo le dio a los filipenses un consejo similar al de Lutero y Pedro cuando escribió: "Por nada estéis afanosos, sino sean conocidas vuestras peticiones delante de Dios en toda oración y ruego, con acción de gracias. Y la paz de Dios, que sobrepasa todo entendimiento, guardará vuestros corazones y vuestros pensamientos en Cristo Jesús." (Filipenses 4:6-7). Una de las formas en las que yo enfrentó el estrés de liderazgo es hacer listas de preocupaciones. Hago una de todas las cosas que tengo que hacer en el día, una de lo que está en espera para el resto de la semana y otra para las dos semanas siguientes. Luego, convierto mi listado de preocupaciones en un listado de oraciones y le entrego cada uno de los asuntos a Dios.

Convierta sus problemas en provisiones

Cuando George Müller era joven, enfrentó muchos problemas. Era responsable del cuidado y la alimentación de todos los niños en dos orfanatos. Un día, no había alimento en ninguna de las dos casas y tampoco se veía una perspectiva de provisión en el horizonte. ¿Qué hizo? Convirtió sus problemas en oración. Llamó a sus colaboradores y los invitó a tener un día de clamor. Durante la reunión de oración matutina, el sesenta por ciento del dinero que necesitaban para el alimento les fue entregado de forma inesperada por tres individuos diferentes. Más tarde, al reunirse para continuar orando fueron interrumpidos por un golpe en la puerta. Frente a ella había un mensajero y el resto de lo que necesitaban les fue provisto.[7]

El hábito de convertir los problemas en oración fue persistente en Müller. Entre más grande era el problema, más frecuentes y fervorosas eran sus oraciones y mayor la provisión. Cada vez que se enfrentaba a una necesidad, oraba pidiendo ayuda y veía a Dios responder, y su fe crecía. Finalmente, terminó alimentando a varios miles de huérfanos diariamente, por medio de la oración y la fe. Como resultado, Dios siempre suplió las necesidades. En más de una ocasión un camión llegó a la puerta de los orfanatos cargado de comida que no esperaban o alguien golpeaba a la puerta con una provisión de alimentos o el dinero para comprar lo que necesitaba. Una y otra vez en repetidas ocasiones, Müller y sus colaboradores convirtieron sus problemas en oración, ante lo cual Dios proveía. Sobre la asombrosa forma en la que Dios enviaba el "pan diario" para los orfanatos en respuesta a las oraciones de Müller, su biógrafo escribe: "A lo largo de toda su experiencia dirigiendo los orfanatos, este siervo de Dios testifica que ningún alimento llegó más de treinta minutos tarde, incluso cuando estaba alimentando a dos mil huérfanos diarios por medio de la fe".[8] Leer las biografías de Müller o sus narraciones de las múltiples oraciones contestadas es semejante a leer historia tras historia de milagros. Él entendía plenamente y practicaba una mayordomía espiritual de oración y fe; por eso escribió: "Dejamos que Dios obre a favor de nosotros, cuando la hora de la prueba de nuestra fe viene, y no producimos una respuesta por parte de nosotros mismos".[9]

Convierta sus problemas en rescate

D. L. Moody y su hijo William abordaron un buque alemán llamado *Spree* al salir de Southampton, Inglaterra, con destino a Nueva York el 23 de noviembre de 1982. Tres días después y cerca de 1,100 millas en alta mar, pasada la media noche en la madrugada del sábado 27, el eje de la hélice principal se rompió. Dos inmensos fragmentos explotaron y atravesaron la base del buque. De inmediato el agua llenó la mitad de los compartimentos del barco y las bombas no lograban sacar el agua tan rápido como entraba. El gigantesco bote quedó a la deriva por horas, sin electricidad; los pasajeros se sentían aterrorizados en la oscuridad, mientras el barco se hundía lentamente.

A la hora del alba, Moody le hizo señas al capitán para que se acercara y se uniera a él y a William en oración. Moody se arrodilló y oró: "¡Oh, Señor! Cuando tus discípulos estaban en problemas en el mar, tú los salvaste. ¿Acaso nosotros no somos tus discípulos? Por favor, calma las olas para que no nos ahoguemos y envíanos, por favor, un barco".[10]

Cuando la mañana del domingo llegó habían perdido toda esperanza porque el buque que se hundía lentamente se había salido del curso por el cual pasaban los otros barcos. Moody pidió que se celebrara un servicio religioso para los pasajeros y para la tripulación. Todos asistieron, excepto aquellos miembros de la tripulación que debían quedarse en sus puestos. Todos oraron y adoraron a Dios.

A las tres de la mañana del lunes, Bill despertó a su padre con buenas noticias. Había una luz visible en la distancia que rápidamente se acercaba al *Spree*. Resultó ser un buque de carga canadiense llamado *Lake Huron*, el cual remolcó el *Spree* a puerto seguro.

Convierta su indecisión en un gran avance

En su autobiografía, *Tal como soy*, Billy Graham nos cuenta que la oración fue la clave para una de las grandes decisiones que tuvo que tomar en su ministerio. Estaba concluyendo su cruzada de 1949 en Los Ángeles. Había sido una buena, pero no espectacular, serie de reuniones y sintió una profunda necesidad de extender la cruzada. Graham escribe:

> Necesitábamos un sentido claro de dirección de parte del Señor. Grady, Cliff, Bev y yo oramos juntos una y otra vez mientras se acababa la última semana. Finalmente decidimos seguir el ejemplo de Gedeón en el Antiguo Testamento y poner un vellón pidiéndole a Dios que nos diera una señal decisiva de su propósito. Llegó a las cuatro y treinta de la mañana siguiente.[11]

Stuart Hamblen (1908-1989), un famoso personaje de la farándula al cual Graham le había estado testificando, llamó por teléfono, quebrantado en lágrimas. Mientras el equipo oraba, Graham condujo a Hamblen a Cristo y esa fue la respuesta que esperaban para continuar la campaña. La cruzada que continuó se hizo muy popular cuando Hamblen compartió su testimonio y los medios de comunicación contaron la historia a nivel nacional.

La campaña de Graham fue una sensación en los medios. Ocurrieron conversiones extraordinarias y personajes famosos empezaron a asistir a las reuniones y a entregar sus vidas a Cristo. Las reuniones se extendieron semana tras semana y el número de multitudes que respondían a la invitación seguía creciendo.

La cruzada de Los Ángeles cambió para siempre la visión y el tamaño del ministerio de Graham al punto que escribió: "Lo único que sé es que antes de terminar nuestra campaña, habíamos iniciado un viaje en el cual ya no podíamos mirar hacia atrás".[12]

Una vez más el equipo clamó pidiendo a Dios dirección para saber si debían o no continuar las reuniones. De nuevo Dios respondió. Una brutal tormenta se dirigía hacia Los Ángeles desde el Pacífico; si golpeaba la costa, sin duda crearía un gran caos en la gigantesca carpa que se utilizaba para cubrir las miles de personas que asistían a la reunión todas las noches. En esta ocasión el vellón fue que la tormenta no llegara a Los Ángeles si Dios quería que ellos continuaran con la campaña. La mañana siguiente los periódicos registraron que la tormenta de forma sorpresiva se había disipado en el océano antes de llegar a la ciudad. Se organizaron reuniones de oración para la campaña en todo el sur de California y a lo largo de Estados Unidos.

Había estudiantes orando en las universidades cristianas, hombres de negocios en las oficinas, familias en sus hogares y las congregaciones se reunían para realizar reuniones especiales de oración... "la fuerza más poderosa del mundo"; mientras Frank Laubach llamaba a la oración, me apoyaba y trajo la bendición de Dios desde los cielos hasta Los Ángeles.[13]

Por causa de la oración, Dios hizo muchos milagros durante esa campaña de ocho semanas. Miles aceptaron a Cristo como su salvador; el ochenta y dos por ciento de ellos jamás habían sido miembros de una iglesia. Además de eso, toda la nación había sido conmovida. Al mirar en retrospectiva Graham escribió:

> De la noche a la mañana habíamos pasado de ser un pequeño grupo evangelístico... a algo que para muchos parecía ser la esperanza de un avivamiento nacional e internacional. A todos los lugares que íbamos alguien quería que viniéramos e hiciéramos

> lo que había sido hecho en Los Ángeles. Sin embargo, lo que no sabían, era que nosotros no lo habíamos hecho... como quiera que esto pudiese ser llamado y en lo que se iba a convertir, con toda certeza era la obra de Dios... ese era el secreto de todo lo que había sucedido: Dios había respondido la oración.[14]

"*Dios había respondido la oración*". Ese fue el secreto del éxito de Billy Graham y también puede ser su secreto. Convierta sus problemas en oración.

Guía de aplicación

¿Cuáles son las dos o tres ideas principales que desea recordar de este capítulo?

1. ____

2. ____

3. ____

Haga una lista de sus más grandes preocupaciones o de los problemas que parecen imposibles y son del tamaño de Dios, que usted o su ministerio esté enfrentando en la actualidad.

____

____

____

____

____

En oración, entréguele cada uno de esos problemas al Señor.

CAPÍTULO 6

Ore y Ayune

El ayuno siempre ha jugado un papel significativo en el ministerio de oración de los líderes espirituales efectivos. Los grandes líderes saben lo que significa sentir la carga del Señor y oír que los llama a prolongadas temporadas de ayuno y oración. La Biblia y la historia están llenas de ejemplos del poder de la oración y el ayuno para transformar las circunstancias y marcar la diferencia.

Fue después de cuarenta días de ayuno que Moisés descendió del Monte Sinaí con los diez mandamientos y un rostro que irradiaba la gloria del Señor. (Éxodo 34:27-29). Samuel ayunó y clamó al Señor y Dios le dio a Israel literalmente una victoria estruendosa sobre los filisteos (1 Samuel 7:5-11). Josafat guió a la nación a la oración y al ayuno y como resultado experimentaron completa liberación y una victoria milagrosa (2 Crónicas 20:2-26). Dios prometió quitar la miseria de su pueblo si se arrepentía (Joel 2:12-27). Como respuesta, el rey Josías proclamó un ayuno (Jeremías 36:9). Esdras también llamó al pueblo a un ayuno y como resultado los peregrinos pudieron viajar con seguridad desde Babilonia hasta Jerusalén. (Esdras 8:21-23); y fue también sólo después de la instrucción de Ester para que el pueblo ayunara, cuando los judíos que vivían bajo el reinado persa recibieron de forma maravillosa su fortuna una vez más, y fueron liberados y prosperados de una forma inesperada (Ester 4:16-10:3). Incluso la malvada ciudad de Nínive recibió liberación cuando se volvieron a Dios en ayuno (Jonás 3:1-10).

Otros líderes como David, Elías, Esdras y Daniel descubrieron el poder que estaba disponible para los que claman a Dios por medio del ayuno y no están solos. Después de ayunar cuarenta días, Jesús resistió las tentaciones del diablo y lanzó su ministerio en el poder del Espíritu (Lucas 4:1-14). El constante ayuno caracterizó la poderosa vida de oración del apóstol Pablo (Hechos 9:9; 2 Corintios 6:5; 11:27).

Durante siglos los líderes de la iglesia primitiva ayunaron dos veces por semana. Epifanio (315-403), autor de la que puede ser considerada la primera enciclopedia cristiana, preguntó de forma retórica: "¿Quién no sabe que el ayuno del cuarto y el sexto día de la semana son guardados por los cristianos en todo el mundo?"[1] Agustín (354-430), el incansable teólogo cuyas enseñanzas impactaron tan profundamente el pensamiento cristiano, tenía una simple pero significativa opinión sobre el ayuno: "El ayuno es un deber cristiano".[2]

Los gigantes que se han erigido en la historia de la iglesia han sido líderes que han practicado la disciplina espiritual de la oración acompañada del ayuno. Martín Lutero, el padre de la reforma protestante, aprendió el ayuno durante sus años formativos como monje. Después enseñó que aunque el ayuno no es un sustituto de la fe salvífica en Cristo, si es una herramienta poderosa para la santificación y un arma piadosa en la batalla espiritual.[3] Juan Calvino, durante mucho tiempo considerado uno de los líderes y teólogos más influyentes en la historia, ayunaba habitualmente. Veía el ayuno como una ayuda necesaria para la honestidad y el fervor de sus oraciones.[4]

Muchos influyentes líderes como Juan Knox, Jonathan Edwards, Charles Spurgeon, D.L. Moody, Charles Finney, Bill Bright y Billy Graham fueron practicantes de la oración y el ayuno.

Un día glorioso

La historia ve a Juan Wesley como un predicador inspirador, un administrador sabio, un activista social incansable, un escritor desafiante, un histórico constructor de la iglesia y el gestor de un avivamiento que estremeció al mundo. Este hombre cabalgó cuatrocientos mil kilómetros a caballo, predicó cuarenta mil sermones, donó treinta mil libras y dejó un legado de ciento treinta y dos mil seguidores, y también fue un poderoso defensor del ayuno.

Cuando era joven, mientras conducía el *Holy Club* o los Metodistas de Oxford, Wesley seguía el patrón de la historia primitiva y ayunaba dos veces; los miércoles y los viernes. Tiempo después, realizó su ayuno de los viernes conforme al día judío, el cual se extiende desde la puesta del sol del día anterior hasta la puesta del sol del día siguiente. Por tanto, desde el final de la cena vespertina del jueves hasta las últimas horas de la tarde del viernes, Wesley se dio al ayuno y a la oración. Como líder, esperaba que todos sus predicadores participaran en el ayuno. De hecho, quería que todos los miembros y líderes de las iglesias metodistas siguieran esa disciplina. Wesley también observaba el ayuno en otros días según las situaciones lo indujeran. Nos cuenta en su diario de liberación nacional de Inglaterra en 1756, que el rey de Gran Bretaña convocó a un día de oración y ayuno solemnes, porque temían una invasión de parte de los franceses. Wesley escribió: "El día de ayuno fue un día glorioso que Londres rara vez ha visto desde la Restauración. Cada iglesia en la ciudad estaba llena y la reverencia se manifestaba en todos los rostros. Con toda seguridad Dios oye la oración y prolonga nuestra paz interior".[5]

En un pie de página de su diario, Wesley agregó después: "La humillación se transformó en un regocijo nacional, porque la temida invasión de los franceses fue detenida".

El ayuno bíblico

El término *ayuno* tal como se usa en la Biblia significa "no comer" o "auto negación". En el Antiguo Testamento la palabra *ayuno* se deriva del término hebreo *tsom*, que se refiere a la auto negación. En el Nuevo Testamento el término griego es *nestia*, que también se refiere a lo mismo. Un resumen de la enseñanza bíblica sobre el ayuno, revela que esta verdad está relacionada con el escoger no participar del alimento porque el hambre espiritual es tan intensa, la determinación de interceder tan extrema, o la batalla espiritual tan exigente, que uno temporalmente pone a un lado las necesidades físicas para dedicarse plenamente a la oración.[6]

Un ayuno normal incluye ayunar de todo alimento, pero no de agua (Mateo 4:2). Un ayuno absoluto es poco común y usualmente involucra abstenerse de alimento *y* de agua a causa de una emergencia espiritual extrema (Hechos 9:9; Esdras 10:6; Ester 4:16; Deuteronomio 9:9, 18; Éxodo 34:28; 1 Reyes 19:8). Puesto que el cuerpo necesita de líquidos para sobrevivir, uno necesitaría estar muy seguro de la dirección de Dios para asumir tal ayuno por un periodo superior a tres días. Un ayuno parcial es la restricción en la dieta en oposición a una completa abstención (Daniel 10:3). El ayuno también puede incluir evitar una de las tres comidas de forma consistente o abstenerse de ciertos alimentos y otras actividades. A muchos nos haría bien un ayuno de televisión, películas e Internet.

Típicamente, el ayuno bíblico era por un periodo completo de veinticuatro horas usualmente desde la puesta del sol hasta la siguiente puesta. Como ya lo mencionamos previamente, la iglesia primitiva ayunaba dos días a la semana, los miércoles y los viernes. Los fariseos ayunaban los martes y los jueves. Otros ayunos bíblicos iban de tres a cuarenta días. En la Biblia hay ayunos individuales y grupales. Los ayunos grupales podían involucrar a toda la iglesia (Hechos 13:1-4) o incluso a toda la nación (Jonás 3; Ester 4; 2 Crónicas 20).

La iglesia primitiva también practicaba el ayuno durante varios días antes de la pascua. Más adelante este ayuno tomó la forma de una serie de ayunos de un día cada semana durante las semanas que conducían a la pascua. También era costumbre que los cristianos en el periodo post apostólico ayunaran como preparación para su bautismo.[7]

¿Por qué ayunar?

Hace muchos años leí toda la Biblia estudiando cada pasaje que hablaba sobre el ayuno; empecé tratando de identificar sus beneficios. Pero muy rápidamente la pregunta que tenía en mi mente cambió de por qué ayunar a por qué no ayunar más a menudo. Al estudiar la Escritura de forma cronológica, descubrí veinte bendiciones importantes que obtuvieron los que ayunaron en la Biblia:

1. *Ayunar detuvo el juicio de Dios.* Moisés ayunó cuarenta días para poder interceder ante Dios en favor de los israelitas, después de que habían pecado con el becerro de oro. Dios oyó y perdonó a la nación de Israel (Deuteronomio 9:18-26).

2. *El ayuno le dio a Ana una maravillosa respuesta a su oración* (1 Samuel 1:7). Aunque ella siempre había sido estéril, concibió un hijo privilegiado, Samuel, que estremecería a la nación con sus oraciones.

3. *Ayunar produjo victorias inesperadas.* Por ejemplo, Israel fue apaleada por los benjamitas en Guibeá y perdieron

veintidós mil hombres en un día y dieciocho mil más, al siguiente. Después que ayunaron el Señor luchó de su lado y sólo perdieron treinta soldados, mientras que el enemigo sufrió veinticinco mil bajas (Jueces 20:26,35). Años después, Israel rodeada por los moabitas, y amonitas, se enfrentaba a una innegable derrota. Toda la nación oró y ayunó y derrotaron a sus enemigos sin perder un solo hombre (2 Crónicas 20:3, 4, 12,15).

4. *David se humilló por medio del ayuno*; promovió el ayuno como un medio para identificarse con los que sufren y desarrollar la humildad (Salmo 35:13; 69:10).

5. *Dios provee protección mediante el ayuno.* Esdras y el resto del remanente que retornó del exilio para reconstruir el templo, no tenía a nadie que los protegiera en su viaje. Ayunaron y oraron y Dios los protegió (Esdras 8:21-23).

6. *El ayuno produjo un plan y una provisión.* Jerusalén yacía en ruinas y oprobio. Necesitaban de forma desesperada reparar sus muros para que el resto de la ciudad pudiera ser protegida y reconstruida. Nehemías ayunó y oró, y Dios le concedió un plan para lograr esa tarea que parecía imposible (Nehemías 1:4).

7. *El ayuno rescató una nación.* Los judíos se enfrentaron a la extinción cuando algunas personas concibieron un plan y presionaron al rey de Persia para que exterminara a los judíos. Pero Ester y su pueblo ayunaron y oraron. Dios no sólo libró a los judíos sino que exaltó a sus líderes (incluyendo a Ester) *y* destruyó a los que buscaban la masacre del pueblo (Ester 4:3-16).

8. *El ayuno tiene el poder de agradar a Dios*, de liberar las cadenas de injusticia, librar a los oprimidos y proveer para los hambrientos, los desamparados y los desnudos; hace que brille la justicia, venga la sanidad y que la gloria de

Dios nos rodee. Conduce a la respuesta de la oración (Isaías 58:6-14).

9. *El ayuno purifica el alma y el cuerpo*. Daniel ayunó absteniéndose de tomar alimentos paganos y fue recompensado con una mejor salud y el favor de Dios (Daniel 11).

10. *El ayuno hizo posible recibir revelación de parte del Señor*. Para Daniel, el ayuno trajo la revelación de la gran profecía de las setenta semanas. A nosotros puede ayudarnos a comprender esas profecías (Daniel 10:2,3).

11. *El ayuno hizo que una nación volviera a Dios* (Joel 2:12).

12. *El ayuno nos prepara para el retorno de Jesús*, el novio esperado (Joel 2:15-18; Lucas 2:57; 5:33-35).

13. *El ayuno es una poderosa expresión de arrepentimiento*. La malvada ciudad de Nínive habría sido destruida si no se hubiera arrepentido y ayunado (Jonás 3:5-9).

14. *El ayuno es el secreto del servicio a Dios*; es la forma en la que se expresan los más profundos deseos del corazón. Dios, quien ve en lo secreto, promete recompensar públicamente (Mateo 6:4, 6, 18).

15. *Ayunar es un servicio espiritual*. Ana, una mujer viuda, de ochenta años, le sirvió al Señor con ayuno día y noche (Lucas 2:23, 37).

16. *El ayuno obedece el mandato implícito de Jesús*. En Mateo 6, estaba corrigiendo los actos externos de justicia que se realizaban con la motivación incorrecta. Cuando llegó al tema del ayuno, empezó diciendo: "Cuando ayunen..." (Mateo 6:16-18). Él no dijo: "*Si* ayunan". Para quienes siguieron a Jesús en serio, el ayuno era un hecho, no una opción. Como ya lo hemos mencionado, la iglesia

primitiva ayunaba dos veces a la semana y logró transformar todo el mundo. Si queremos su poder, necesitamos seguir sus prácticas.

17. *Ayunar es una ayuda poderosa en la batalla espiritual.* Cuando los discípulos intentaron y no pudieron echar fuera un demonio, Jesús lo hizo con toda facilidad. Luego les explicó: "Esta clase no sale sino con oración y ayuno" (Mateo 17:21). La validez del versículo veintiuno es cuestionada por los críticos textuales, quienes piensan que es muy probable que no fuera parte del escrito original. Aún si ese fuera el caso, no niega el hecho que la iglesia cristiana primitiva entendía que las ataduras de opresión (Isaías 58) que agobiaban el alma y eran producidas por los demonios, se podían romper por medio de la oración y el ayuno.

18. *Ayunar incrementa el poder espiritual y nos prepara para un mayor impacto.* Jesús experimentó cuarenta días de oración y ayuno. Inmediatamente después de eso lo vemos predicando con el poder del Espíritu Santo. Aunque Él era Dios, ese poder no estaba presente de esa forma antes de pasar por un tiempo de oración y ayuno de cuarenta días en el desierto (Lucas 4:1-14).

19. *Ayunar ayuda en la toma de decisiones.* La iglesia de Antioquía ayunó y oró antes de escoger a Pablo y a Bernabé como misioneros (Hechos 13:1-4). Después, Pablo y Bernabé volvieron a los lugares en los que previamente habían iniciado iglesias y seleccionaron líderes para esas iglesias, por medio de la oración y el ayuno (Hechos 14:23).

20. *Los veintiún días de ayuno y oración de Daniel fueron necesarios* para ayudarle al ángel Gabriel en su tarea de entregarle la respuesta a sus oraciones (Daniel 9:3-10:3). Si parece que las respuestas son lentas porque no está ayunando, empiece a orar *en ayuno*.

Ayunar es...

Una gran ayuda para edificar la vida espiritual de un líder. Después de una ayuno de cuarenta días el cofundador y vicepresidente de la Universidad Liberty, Elmer Towns (1932-) se encontró con Dios en un nivel mucho más profundo. En su pequeño libro titulado *Conociendo a Dios por medio del ayuno*, Towns describe los beneficios espirituales de ayunar. Para él, el ayuno es un medio para:

1. Quitar de nosotros toda barrera delante de Dios para que nos llene con su presencia.
2. Crear el anhelo de hacer lo bueno.
3. Esperar en la presencia de Dios para parecernos a Él y hacer su voluntad.
4. Venir ante el Señor a disfrutar su presencia y encontrar descanso espiritual.
5. Beber de la presencia de Dios para obtener satisfacción espiritual.
6. Disciplinarnos tal como lo hizo Jesús.
7. Crecer espiritualmente a la imagen de Jesús.
8. Ganar una percepción espiritual del mundo de Dios.
9. Entrar en el descanso de Dios, más que cesar de nuestras actividades.
10. Conocer a Dios y asemejarnos más a Cristo.[8]

Agregue ayuno

Wesley Duewel se entregó totalmente a la causa de las misiones, por más de sesenta y seis años. Después de casi veinticinco de ministerio en la India, fue presidente de la OMS (Sociedad Misionera Oriental) por trece años. OMS es una agencia de misiones pionera que se dedica a entrenar misioneros nacionales; a través de su labor se han plantado unas siete mil iglesias cuya membresía combinada excede un millón de personas en más de cuarenta países. Cerca de 1.7 millones de copias de los libros de Duewel se encuentran en circulación actualmente en sesenta y un idiomas publicados en diversos países. Duewel fue un ferviente creyente en la inquebrantable conexión que existe entre el liderazgo espiritual efectivo y la oración, especialmente cuando a la oración se le añade ayuno. En uno de sus textos escribe:

> *Cuando usted anhela fortalecer y disciplinar sus hábitos de oración y añadirle una nueva dimensión a su débil oración, agréguele ayuno. Cuando quiera humillarse ante Dios en total sumisión a su voluntad y en total dependencia a su insuperable poder, agregue ayuno. Cuando se enfrente a una necesidad terrible, una imposibilidad humana, y su alma tenga hambre de que Dios intervenga por medio de un poder sobrenatural, añada ayuno.*[9]

Cuatro grandes peticiones

Mi primer ayuno serio de más de un día fue cuando era estudiante en el segundo año de la universidad. Me sentí guiado a hacer un ayuno de tres días con oración intensa y abundante. Tenía cuatro grandes peticiones que quería ver respondidas en los siguientes treinta días. Necesitaba:

1. Que Dios me proveyera de forma milagrosa el dinero suficiente para ayudar a algunos de mis amigos a pagar sus costos educativos de forma que pudieran seguir estudiando.

2. Guiar cincuenta almas a Cristo en el siguiente mes.
3. Que Dios me diera un mentor.
4. Que Dios sanara tres estudiantes severamente heridos en un accidente automovilístico.

En treinta días las respuestas empezaron a llegar. Los tres estudiantes que estuvieron involucrados en el accidente empezaron a mejorar y sabíamos que vivirían. Uno de mis profesores acordó ser mi mentor (aunque no culminó su tarea, si creo que Dios hizo *su* parte). De forma inesperada recibí un cheque en el correo por quinientos dólares, que era justamente lo necesario para ayudarles a varios amigos a pagar sus estudios. Pero parecía que las cincuenta almas salvas eran una petición demasiado grande. ¿En qué estaba pensando? Yo no tenía carro y vivía en un dormitorio con ochenta jóvenes cristianos, en una montaña donde sólo había estudiantes y profesores cristianos. ¿A quién iba a guiar a Cristo? Le testifiqué al señor que reparaba el teléfono y él oró y aceptó a Cristo. Me pidieron que ayudara con un reemplazo de último minuto en una "casa encantada cristiana". Mi labor era compartir el evangelio al final del recorrido de la casa. Ese fin de semana, veintiuna personas aceptaron a Cristo. Eso incrementó mi número total a veintidós los cual era espectacular pero todavía estaba muy lejos de llegar a cincuenta.

El último fin de semana del mes, manejé siete horas para hablar en un retiro de jóvenes en una parte muy remota del sur de Ohio. Varias iglesias pequeñas se habían reunido y había cerca de ciento cincuenta adolescentes. Había dos conferencistas más así que sólo tuve una oportunidad de dirigirme al grupo. Empecé mi charla esa noche y no estaba saliendo muy bien. Para ser honesto, era horrible. De modo que me detuve. De la nada, se me ocurrió la idea de hacer que todos se pusieran en pie, uno por uno, y se evaluaran espiritualmente como calientes, fríos o tibios. La convicción vino sobre el grupo y la presencia de Dios llenó el cuarto. Después de que los primeros estudiantes se pusieron en pie y se evaluaron así mismo, los adolescentes empezaron a llorar. Luego los niños se pusieron de rodillas y al poco tiempo todo el mundo esta de rodillas. Todo esto continúo durante casi una hora. El líder de los niños rebeldes e inconversos también cayó al piso y empezó a temblar. Otros chicos empezaron a orar por él. Le fue imposible hablar durante media hora. Luego volvió en sí, se puso de rodillas y clamó a Dios que lo salvara. A la mañana siguiente el pastor que estaba a cargo del retiro se me acercó con una gran sonrisa en su rostro. Me dijo:

"Veintiocho".

"¿Veintiocho qué?", -le pregunté.

"Veintiocho chicos entregaron su corazón a Cristo anoche", replicó. "Hemos estado orando y ayunando por una transformación y Dios nos la concedió anoche. Veintiocho chicos fueron salvos, y quiero decir realmente salvos. La mayoría de ellos eran los chicos más rudos de la escuela. Me han estado entregando cigarrillos, alcohol y marihuana toda la noche y pidiéndome que los destruya."

Sonreí. *Gracias Dios*, pensé. *Hiciste una obra inusual anoche.* De repente, caí en cuenta. *Anoche era el día treinta después de mi ayuno*, pensé. *Veintidós personas fueron salvas en los días anteriores y veintiocho más fueron salvas anoche. Eso significa cincuenta; no cuarenta y nueve, no cincuenta y uno sino cincuenta. Dios respondió mis cuatro peticiones imposibles. El ayuno hizo mis oraciones más efectivas.*

Orar por un avivamiento

He leído con ansiedad recuentos de los grandes avivamientos de Dios en la historia. Casi todos nacieron claramente en la oración ferviente y el ayuno. Permítame darle algunos ejemplos. El movimiento que nació en Nueva Inglaterra a principios del siglo dieciocho ha sido llamado el Gran Avivamiento. En muchos sentidos empezó con el pastor Jonathan Edwards y con ayuno. Cargado por los miembros inconversos de su iglesia, Edwards ayunó veintidós horas antes de predicar su famoso sermón "Pecadores en las manos de un Dios airado".[10] Varios años después, en Inglaterra, George Whitefield (1714-1770) y los hermanos Wesley, Juan y Carlos (1714-1770), fueron influenciados por un grupo de oración de unos moravos. Rápidamente los tres experimentaron lo que Whitefield más tarde llamó "una temporada pentecostal". Pasaban los días y las noches orando y ayunando. Cuando estos jóvenes empezaron a predicar tenían tal poder que las multitudes se aglutinaban para escuchar sus palabras. Al poco tiempo se dedicaron a predicar en otros lugares, en los cuales las multitudes llegaban a los miles.[11]

En este libro, hemos mencionado los avivamientos que tuvieron lugar bajo Charles Finney en las primeras décadas del siglo diecinueve. Él y sus colaboradores eran intensos guerreros de oración que pasaban días enteros ayunando y orando. Como resultado, más de un millón de personas fueron agregadas al reino de Dios. Algunos estiman que el ochenta y cinco por ciento de los que profesaron una conversión en los avivamientos de Finney permanecieron fieles al Señor.[12]

No mucho después, durante lo que ahora se conoce como el "avivamiento de oración laico" ocurrido en Estados Unidos, los cristianos ayunaron y oraron durante sus horas de almuerzo al tiempo que asistían a reuniones de oración inter denominacional al medio día en iglesias cerca de sus lugares de trabajo. Las reuniones eran informales y cualquiera podía orar y dirigir una canción o testificar en un tiempo máximo de cinco minutos. Empezaron en la ciudad de Nueva York en 1857 y al poco tiempo esas reuniones de oración a la hora del almuerzo se habían expandido a todas las grandes ciudades de la costa este. Hacia mayo de 1859, cincuenta mil personas se habían convertido a Cristo por medio del avivamiento de la oración. Los periódicos en Nueva Inglaterra reportaban que no había un solo adulto inconverso en muchos pueblos.[13]

Orar por un milagro monetario

En 1971 Jerry Falwell inició la universidad Liberty. Durante sus primeros veinticinco años de existencia, esta universidad creció rápidamente pasando de ser un pequeño grupo de estudiantes a más de diez mil en sus varios programas. Varios edificios de aulas y dormitorios se construían con dinero en efectivo que provenía, en su mayoría, de los donantes que veían el programa de televisión de Falwell. Cuando los escándalos golpearon el mundo de los programas televisivos religiosos, las contribuciones a todos los ministerios, incluido el de Falwell, decrecieron dramáticamente. Pero la universidad siguió creciendo y construyendo. Al poco tiempo la universidad tenía una deuda de más de cien millones de dólares y estaba en riesgo de perder su acreditación por su excesiva deuda. La pérdida de la acreditación significaría el fin de la universidad. Falwell dijo: "Con esta crisis, tuve que orar, y hacerlo con toda seriedad".[14]

Falwell se sintió instado por el Señor a conducir un ayuno de cuarenta días para orar por una provisión financiera milagrosa. Empezó el 20 de julio de 1997 y se abstuvo de cualquier tipo de alimento hasta el 1 de septiembre. Bebía agua, tomaba una vitamina diaria y bebía un poco de jugo de verduras cada ciertos días. Sin embargo, el ayuno no resultó como él lo había planeado.

> Le pedía a Dios dinero pero él convencía mi corazón de que necesitaba acercarme a Él, escucharlo y confiar en Él. Cuando le pedí dinero, Dios me dijo que no pidiera dinero sino que aprendiera a conocerlo mejor a Él. Tuve varias lecciones que aprender antes de poder pedir dinero. Cuando terminé ese primer ayuno de cuarenta días, sentí que había aprendido lo que Dios quería enseñarme. Pero no tenía una respuesta sobre el dinero.[15]

Dios no es un cajero automático en el cual nosotros insertamos oración y ayuno y automáticamente recibimos lo que queremos. Dios es Dios. Falwell necesitaba aprender eso a un nivel más profundo. Luego estaba listo para proseguir. Dijo: "Después de reasumir mi dieta normal por veinticinco días, Dios me dijo que le podía pedir dinero. Así que entré en otro ayuno de cuarenta días que inició el 25 de septiembre de 1997 y terminó el 4 de noviembre".[16] Dios respondió.

Primero, recibieron una inmensa donación en efectivo que borró la deuda hipotecaria a largo plazo. Segundo, obtuvieron más dinero, el cual restauró la salud financiera de la universidad. Tercero, todas las sanciones de la acreditación fueron removidas y la acreditación fue afirmada para la siguiente década. Almorcé con el Dr. Falwell unos pocos meses después de ese ayuno y quedé impresionado de su profundidad espiritual y su humildad. Cuando le pregunté sobre sus ayunos, sencillamente dijo: "Ayunar es uno de los grandes privilegios de la vida cristiana. Es un acto de autonegación que incrementa grandemente el poder de nuestras oraciones".

Durante los últimos años, las respuestas a los ayunos de Falwell han seguido llegando. La universidad ha seguido creciendo a más de diez mil estudiantes residentes *y* más de veinte mil a distancia a través de la Internet. Las instalaciones en el campus se han doblado y la salud financiera se ha mantenido.

Ayunar por sanidad y por un mensaje para predicarle al mundo

Ronnie Floyd es un líder espiritual altamente efectivo. En sus más de veinte años de ministerio en Springdale, Arkansas, la membresía de la iglesia del pastor Floyd ha pasado de tres mil setecientos a más de dieciséis mil miembros. La iglesia bautizó más de once mil setecientas personas en sus primeros veinte años. En 1990 a su esposa, Jeana, se le diagnosticó cáncer. Él empezó a orar y ayunar por la salud de ella, usualmente un día a la semana y en ocasiones dos o tres días seguidos. Como resultado, ella fue completamente sana. En 1995, él se sintió guiado a iniciar un ayuno de cuarenta días por Norte América y por la iglesia. Su deseo era humillarse y buscar el rostro de Dios. Después dijo: "Dios me dijo que durante el ayuno de cuarenta días me daría un mensaje para predicarlo al mundo".[17]

La respuesta vino al año siguiente cuando se le pidió que se dirigiera a los miles de líderes eclesiales de la convención anual de losBautistas del Sur. Floyd predicó con poder e invitó a cada iglesia a orar y ayunar por un avivamiento. Más de cinco mil personas pasaron al frente en respuesta a la invitación. Otros se arrodillaron y lloraron en el sitio donde estaban. Como resultado se envió una carta a los cincuenta mil pastores de laConvenciónBautista del Sur invitándolos a orar y ayunar. Junto a la carta se anexaba una copia del sermón de Floyd y un librillo que él había escrito titulado *La puerta al poder sobrenatural*. Se hicieron copias y se enviaron a los misioneros alrededor del mundo. Dios le dio a Floyd un mensaje que fue predicado al mundo.

Orar por resultados evangelísticos gigantescos

Bill Bright (1921-2003), fue en efecto uno de los líderes espirituales más efectivos de la historia. Su ministerio,

Cruzada Estudiantil para Cristo, empezó en 1951 en la universidad de California, Los Ángeles y ha crecido de una forma increíble. Aunque inicialmente fue un ministerio para estudiantes universitarios, ha expandido su enfoque a sesenta grupos diferentes, incluyendo el ministerio a adultos profesionales, familias, atletas y estudiantes de secundaria en ciento noventa y un países diferentes. En la actualidad la Cruzada emplea más de veintisiete mil obreros de tiempo completo y cuenta con doscientos veinticinco mil voluntarios entrenados. Bright ha sido denominado el evangelista más grande del siglo veinte. Su folleto, *Las cuatro leyes espirituales*, y la Cruzada Estudiantil para Cristo han testificado a cantidades sorprendentes de personas alrededor del mundo que han recibido a Jesucristo.

Bright fue un hombre que valoraba profundamente el poder de la oración y el ayuno. Escribió un libro en 1995 llamado *El avivamiento que viene*: *El llamado para que Norte América ore y ayune* con el propósito de reclutar dos millones de personas que se unieran a él en oración y ayuno durante cuarenta días. En respuesta al libro recibió un increíble número de testimonios de lo que el Señor estaba haciendo como resultado de la oración y el ayuno. En 1997, escribió:

> Varias veces he sido conmovido y animado por los mensajes de las oraciones respondidas con relación al crecimiento espiritual, la salvación de amigos y familiares inconversos, sanidad física, necesidades financieras suplidas, libertad del pecado, guía específica y una mayor devoción para servir al Señor. Se han restaurado matrimonios, se han manifestado avivamientos en varios campus universitarios y hay iglesias que han despertado. El poder de Dios realmente se está derramando sobre su pueblo como resultado de ayunos prolongados que se han hecho con el propósito de "buscar el rostro de Dios".[18]

La pasión de toda la vida de Bright fue el evangelismo y el discipulado en cumplimiento de la Gran Comisión. Con la sabiduría de sus últimos años de vida, creía fervientemente que la Gran Comisión sólo podría ser cumplida cuando los cristianos experimentaran el transformador poder del ayuno. En su página web dedicada completamente al poder de la oración y el ayuno, dijo:

> Ayunar es la disciplina espiritual más poderosa de todas las disciplinas cristianas. Por medio del ayuno y la oración, el Espíritu Santo puede transformar su vida. Ayunar y orar también puede producir resultados a una escala más grande. Según la Escritura, mi experiencia personal y la observación, estoy convencido de que cuando el pueblo de Dios ayuna con un motivo bíblico apropiado (buscar el rostro de Dios y no su mano), con un espíritu contrito, arrepentido y quebrantado, Dios oirá desde los cielos y sanará nuestras vidas, nuestras iglesias, nuestras comunidades, nuestra nación y el mundo. La oración y el ayuno pueden producir un avivamiento; un cambio en la dirección de nuestra nación, de las naciones de la tierra y el cumplimiento de la Gran Comisión.[19]

Bright practicó lo que predicaba realizando un ayuno de cuarenta días anualmente desde 1994 hasta 1998. Cuando se le pidió que escribiera los resultados más significativos que experimentó por medio de la oración y el ayuno, recordó muchos.

> La película *Jesús* fue una visión que tuve treinta y tres años antes de que se hiciera realidad en 1979. Desde esta fecha hasta hoy (1998), más de un billón trescientos millones de personas han visto la película *Jesús* en más de 440 idiomas. Decenas de millones han recibido a nuestro Señor Jesucristo.

> Ha habido muchas respuestas significativas pero la que más me ha llamado la atención ha sido el poderoso mover de Dios por medio de la campaña "Yo lo encontré" y las gigantescas reuniones EXPO 1972, 1974 y 1985. Por medio de estos eventos, el Señor misericordiosamente ha tocado decenas de miles de vidas.[20]

Si las aseveraciones de Bright sobre el ayuno y la oración parecen descabelladas, considere lo siguiente. El evento EXPO 1972 contó con ochenta mil asistentes; el mismo evento en 1974 entrenó trescientas mil personas en Corea del sur y la campaña "Yo lo encontré" alcanzó el ochenta y cinco por ciento de la población de Estados Unidos y guió 3,5 millones de personas a volverse cristianas. Hacia el 2002, la película *Jesús* había sido traducida a ochocientos idiomas y había sido vista más de seis billones de veces, dando como resultado un número indescriptible de decisiones para Cristo.

Cómo orar de forma más efectiva

1. Decida desde cuándo y por cuánto tiempo planea ayunar. ¿Se va abstener de una de las comidas, un día completo, tres días, una semana? ¿Va a abstenerse de consumir alimentos sólidos o de cualquier alimento *y* bebida, o de televisión, la Internet, el periódico o los dulces?

2. Revise algunas de las razones para ayunar que han sido mencionadas en este capítulo, y que le ayuden a determinar algunos objetivos para su ayuno.

3. Prepárese espiritualmente arrepintiéndose de cualquier pecado que haya en su vida. El ayuno limpia su cuerpo mientras que la confesión limpia su corazón.

4. Prepárese físicamente reduciendo el tamaño de las comidas unos días antes de empezar su ayuno.

Especialmente antes de empezar un ayuno de una semana o más; empiece a reducir su estómago comiendo porciones más pequeñas. No se llene el cuerpo de alimento en la última comida antes de iniciar el ayuno.

5. Trate de planear estar menos ocupado durante el periodo en que estará ayunando. Una de las metas es poder concentrarse en Dios tanto como sea posible.
6. Separe un largo tiempo para estar con Dios.
7. Considere los efectos que el ayuno pueda tener en usted en caso de que esté tomando medicamentos. Algunas medicinas se deben tomar con alimentos. ¿Puede dejar de tomarla un día o dos? ¿Puede tomar las medicinas con jugo?

Otras recomendaciones y observaciones prácticas

1. Trate de limitar sus actividades físicas.
2. Beba mucho líquido y recuerde que deberá ir al baño con más frecuencia.
3. Esté preparado para algunos dolores de cabeza o en las coyunturas, mientras su cuerpo se desintoxica. Los dolores de cabeza pueden ser peores si usted ha estado consumiendo grandes cantidades de nicotina o cafeína.
4. Vaya poco a poco. Empiece con una de las comidas diarias. Luego, ayune por un día entero. Después, pase a tres días y luego, a una semana.
5. La mayoría de las personas pueden ayunar entre uno y tres días sin importar cuan ocupados estén.
6. Puede contarles a otros sobre su ayuno, pero no haga alarde.

7. Entre más largo sea el ayuno, más necesita romperlo de forma gradual. No rompa un largo ayuno con una comida pesada.

Más consejos y ánimo

1. Si nunca antes ha ayunado, inténtelo. Realmente no tiene nada que perder y sí mucho que ganar.

2. No tiene que ser un gigante espiritual para ayunar. Recuerde que en los primeros siglos de la historia cristiana, la mayoría de los creyentes ayunaban un par de días a la semana.

3. Su ayuno no tiene que ser de cuarenta días para ser efectivo. Aunque muchos líderes espirituales efectivos han completado un ayuno de cuarenta días, la mayoría no lo ha hecho.

4. Si ayuna regularmente, entienda que la mayoría de las veces no hay una experiencia espiritual inmediata cuando lo hace. Ayunar es una disciplina espiritual que permite que Dios lo transforme poco a poco, paso a paso, mientras usted se humilla y busca su rostro.

5. Ayunar es bueno para su cuerpo pero no es necesariamente fácil. Usualmente me siento físicamente mal el primero o los dos primeros días. Pero en los siguientes días me siento maravilloso. Tengo más energía y claridad.

6. Cuando ayune y ore, pídale a Dios: "Por favor, haz *en* mí lo que *necesitas* hacer y *por* mí lo que *quieras* hacer".

7. Considere ayunar un día de veinticuatro horas una vez a la semana. Desde la puesta del sol de un día hasta la puesta del sol del día siguiente. Ese es el modelo que los discípulos practicaban.

8. Recuerde que el Dios que ve en lo secreto lo recompensará en público. Ayunar es un servicio secreto que puede ayudar a producir respuestas públicas a la oración.

Guía de Aplicación

¿Cuáles son las dos o tres ideas principales que desea recordar de este capítulo?

1. ______________________________

2. ______________________________

3. ______________________________

¿Cree que Dios lo está invitando a ayunar?

¿Cuánto tiempo piensa que Dios quiere que usted ayune?

¿De qué cosas, piensa usted, Él quiere que se abstenga durante su ayuno?

¿Qué peticiones de oración motivan su ayuno?

¿Cuáles son los objetivos de su ayuno?

CAPÍTULO 7

Tenga Una Fe Atrevida

¿Cómo calificaría sus oraciones? ¿Son débiles y cobardes o fuertes y poderosas? Los líderes espirituales de alto impacto oran de forma diferente a la mayoría de las personas comunes y corrientes porque oran con valentía. Se presentan ante Dios con confianza y toman seriamente la promesa de Hebreos 4:16: "*Acerquémonos, pues, confiadamente al trono de la gracia, para alcanzar misericordia y hallar gracia para el oportuno socorro.*" Cuando digo que esta clase de líderes espirituales oran de forma atrevida, me refiero a que evidencian varias marcas de una fe valiente en la oración. Al leer sobre esto, considere el nivel de atrevimiento de *sus* oraciones.

Clame las promesas de Dios con seguridad

Haga transacciones con Dios

Hudson Taylor fue aquel inglés que dejó una muy profunda marca de Dios tanto en China como en el resto del mundo. De la nada fundó la Misión Interior de China, la cual, a su muerte, incluía doscientas cinco agencias misioneras con más de ochocientos misioneros y ciento veinticinco mil cristianos chinos. Lea una vez más la anterior oración con detenimiento. ¿Cómo lo logró? ¿Cuál fue su secreto?

El hijo y la nuera de Taylor escribieron una biografía de su vida la cual titularon de forma muy interesante: *El secreto espiritual de Hudson Taylor*. En ella aseveraban que había un secreto para el gran impacto de liderazgo de Hudson:

> Superó dificultades que pocos hombres han tenido que enfrentar y dejó una obra que años después de su muerte continúa creciendo en extensión y utilidad… ampliamente como resultado de su vida, decenas de miles de almas llegaron a Cristo en provincias que antes eran inalcanzadas… ¿Cuál era su secreto?... El secreto simple y profundo de entregar cada necesidad a la "inagotable riqueza de Cristo".[1]

¿En dónde aprendió Taylor este tipo de vida de oración? El secreto vino de su hermana, Amelia. Él se convirtió, en buena parte, por la persistente y confiada oración de ella. Ella se comprometió a *entregarse en oración* hasta que *él se entregara* plenamente a Cristo. El día en que ella hizo ese compromiso, escribió estas palabras en su diario: "Las promesas de la Biblia son muy reales y la oración es una clara transacción de negocios con Dios ya sea en favor de uno o en favor de aquellos a los que uno quiere bendecir".[2]

Hacer transacciones con Dios se convirtió en un modelo para la dinámica vida de oración y fe atrevida que Hudson poseía. Toda necesidad, bien fuese de fondos, conversiones u obreros, provenían de confiar en Dios y clamar sus promesas.

El futuro es tan brillante como las promesas de Dios

Otro sorprendente pionero fue el misionero americano llamado Adoniram Judson. Fue un hombre brillante, lexicógrafo muy capaz, que vivió y fue traductor bíblico en Birmania. Era un hombre que se enfrentaba de forma victoriosa en contra de diversas dificultades, debido a su valiente fe en las promesas de Dios. Judson fue pionero, junto con su esposa, en una tierra de millares de personas, en donde se sabía que no había un solo cristiano en ese tiempo. Trabajaron seis largos, extenuantes y descorazonadores años, antes de ver su primer convertido. Judson tuvo que manejar a la perfección el complejo lenguaje birmanés sin la ayuda de ningún libro guía. En el campo misionero, sufrió la prematura muerte de dos esposas, tres hijos y varios compañeros de trabajo. Fue encarcelado en una escuálida prisión, en la cual pasó mucho de su tiempo colgado de cabeza, sucio, encadenado y enfermo. Sus pocos seguidores birmaneses se enfrentaron a la constante amenaza de la persecución. Sin embargo, Judson perseveró en su obra de predicar y traducir. ¿Cómo lo logró?

Al retornar a Boston en la única licencia que tomó durante su vida, un prominente impresor le preguntó a Judson: "¿Cree usted que las probabilidades de que los paganos se conviertan rápidamente son muy buenas? Judson rápidamente replicó, "Tan buenas como las promesas de Dios". Increíblemente después de su muerte, una encuesta realizada por el gobierno birmanés registro doscientos diez mil cristianos en ese país. Hoy hay cerca de cuatro millones.

La chequera de Dios

Charles Spurgeon fue una de las luces brillantes en la historia de la iglesia cristiana. Al igual que otros líderes espirituales de alto impacto, Spurgeon clamaba sin temor las promesas de Dios y se las citaba a Él mientras oraba. En su libro llamado *La chequera de Dios: haciendo retiros diarios del tesoro de Dios*, Spurgeon explica: "Una promesa de Dios puede ser claramente comparada con un cheque al portador. Se le da al creyente con la intención de concederle alguna cosa buena.

No se le entrega con el objetivo de que la lea cómodamente y pase por encima de ella. No; él debe tratarla como una realidad, como un hombre trata un cheque".[3]

En su libro, Spurgeon nos implora que aceptemos la promesa de forma personal como si fuera "nuestra pertenencia exclusiva". Después de hacer eso, el creyente debe orar. "Debe *presentar* la promesa al Señor con fe, como un hombre presenta un cheque en la ventanilla de un banco. Debe reclamarla también por fe esperando que sea cumplida".[4] Al analizar el secreto del increíble éxito de Spurgeon en el ministerio, un observador enfatizó su "poderosa fe y... su intenso fervor".[5] Otro lo reafirmó cuando dijo: "No en vano hoy se dice que, se busca un hombre que tenga un fervor tan profundo como el de él".[6]

Su biógrafo escribió: "Su idea de la oración era la de entregar en la ventanilla un cheque que llevaba el nombre de uno". Por ejemplo, Spurgeon estaba cenando con algunos amigos cuando la charla llegó al punto en que les dijo que a la mañana siguiente necesitaba conseguir una gran suma de dinero para pagarle al constructor de un orfanato. Cuando se le preguntó al respecto, dijo con calma que había orado y tenía la confianza en que el dinero llegaría. Uno de sus amigos estaba cuestionando la atrevida aseveración de Spurgeon, y de repente fueron interrumpidos por un mensajero con un telegrama. El telegrama informaba que alguien había pasado por la iglesia que él pastoreaba, con una donación por la cantidad exacta de dinero que debía pagarle al constructor al día siguiente.[7]

Si no usamos sus promesas al máximo, Entonces Cristo habrá muerto en vano

Cuando yo era estudiante universitario, mi profesor nos enseñó que el ministro de jóvenes más grande en la historia fue una dama llamada Henrietta Mears (1890-1963). Aunque nunca se casó, tuvo cientos de "hijos espirituales". Llegó a ser la directora educativa en la iglesia presbiteriana de Hollywood en California del sur. Algunas de las personas de las que fue mentora fueron: Dick Halverson, quien llegó ser capellán del Senado de los Estados Unidos, y Bill y Vonette Bright, fundadores de Cruzada Estudiantil para Cristo, entre otros.

Por la pasión que Henrietta sentía por las almas y su habilidad para planear y preparar, la iglesia creció a más de seis mil. Su propia clase de Escuela Dominical tenía 500 estudiantes solteros y universitarios. Muchos de sus grupos de estudio bíblico llevaban hombres de negocios y estrellas de cine famosas a Cristo. Puesto que necesitaba literatura bíblica bien estructurada para cientos de nuevos creyentes, Henrietta empezó a escribir sus propios materiales y nació *Gospel Light Press*. También fundó un centro de conferencias llamado *Forest Home*, que les sirvió a veintiséis mil personas por año. Uno de los biógrafos de Henrietta pasó muchísimo tiempo con ella y descubrió lo que llamó el "secreto de la señorita Mears".

> Su ministerio ha sido una búsqueda rápida e intensa para encontrar las cosas buenas que Dios le ha prometido a sus hijos. Ella no quiere perder una sola de las promesas y tampoco quiere que ninguno de ellos las deje de recibir. Si yo tuviese que presentar una caricatura para describir a la señorita Mears, sería la de ella sosteniendo una Biblia cerca de sus ojos, sus manos pasando las hojas con avidez y luego señalando un versículo al tiempo que dice con gran deleite y entusiasmo: "Aquí hay otra promesa que Dios nos ha dado; usémosla a plenitud. ¿Ha encontrado usted alguna otra promesa? Pues, usemos esa también. Aquí hay otra promesa; clamémosla también. Si no usamos sus promesas al máximo, el Señor habrá muerto en

vano. Vamos, jóvenes, aquí hay una gloriosa promesa y sé que funciona. Aquí está; tómenla. Es de ustedes".[8]

Cómo clamar las promesas

Wesley Duewel clamó las promesas de Dios cuando fue misionero en la India y presidente de la gigantesca agencia misionera OMS. Con relación a las promesas de Dios, Duewel escribió: "Las promesas a los individuos tienen suprema importancia para esa persona, pero la verdad es que lo que Dios estuvo dispuesto a hacer por cualquiera de los personajes bíblicos, también lo hará por usted cuando tenga una necesidad".[9]

¿Podemos clamar las promesas que Dios les da a otros en la Escritura? Duewel dice que sí, bajo las siguientes condiciones:

1. Estudie la Escritura cuidadosamente para entender lo que significaba para aquellos a quienes les fue originalmente dada. La aplicación espiritual que usted haga debe sustentarse en el significado literal de la promesa.

2. Admita que si esa promesa es la promesa de Dios para usted, no sólo impresionará fuertemente su corazón con ella, sino que proveerá evidencia para corroborarla por medio de la providencia, las opiniones de otros cristianos y una profunda paz en el corazón.

3. Haga de la gloria de Dios, no de sus propios intereses humanos, su motivación primordial, aunque sea posible que usted se beneficie con el cumplimiento de la promesa.[10]

Promesas de oración respondidas

La Biblia contiene 7.487 promesas. Muchas de ellas revelan la disposición de Dios para responder la oración. Cuando oramos por cosas que estamos seguros Dios quiere hacer, podemos recitarle con confianza Su propia Palabra. Por ejemplo, Jesús le dio a sus seguidores muchas promesas con referencia a la respuesta a nuestras oraciones. Las siguientes son algunas de mis promesas favoritas con relación a esas respuestas:

> *Pedid, y se os dará; buscad, y hallaréis; llamad, y se os abrirá. Porque todo aquel que pide, recibe; y el que busca, halla; y al que llama, se le abrirá. ¿Qué hombre hay de vosotros, que si su hijo le pide pan, le dará una piedra? ¿O si le pide un pescado, le dará una serpiente? Pues si vosotros, siendo malos, sabéis dar buenas dádivas a vuestros hijos, ¿cuánto más vuestro Padre que está en los cielos dará buenas cosas a los que le pidan?* (Mateo 7:7-11)

> *Rogad, pues, al Señor de la mies, que envíe obreros a su mies.* (Mateo 9:38)

> *Porque de cierto os digo que cualquiera que dijere a este monte: Quítate y échate en el mar, y no dudare en su corazón, sino creyere que será hecho lo que dice, lo que diga le será hecho. Por tanto, os digo que todo lo que pidiereis orando, creed que lo recibiréis, y os vendrá.* (Marcos 11:23-24)

> *De cierto, de cierto os digo: El que en mí cree, las obras que yo hago, él las hará también; y aun mayores hará, porque yo voy al Padre. Y todo lo que pidiereis al Padre en mi nombre, lo haré, para que el Padre sea glorificado en el Hijo. Si algo pidiereis en mi nombre, yo lo haré.* (Juan14:12-14)

> *Si permanecéis en mí, y mis palabras permanecen en vosotros, pedid todo lo que queréis, y os será hecho.* (Juan 15:7)

No me elegisteis vosotros a mí, sino que yo os elegí a vosotros, y os he puesto para que vayáis y llevéis fruto, y vuestro fruto permanezca; para que todo lo que pidiereis al Padre en mi nombre, él os lo dé. (Juan15:16)

De cierto, de cierto os digo, que todo cuanto pidiereis al Padre en mi nombre, os lo dará. Hasta ahora nada habéis pedido en mi nombre; pedid, y recibiréis, para que vuestro gozo sea cumplido. (Juan 16:23-24)

Sea específico

Entre más precisa sea la oración, más fe se requiere. Si usted quiere respuestas específicas a la oración, necesita hacer peticiones específicas. Si usted sólo hace peticiones generales, ¿cómo puede saber si le han sido contestadas? Charles Finney era un escéptico abogado que estaba reacio a volverse cristiano porque ninguno de los cristianos que conocía recibía respuestas a sus oraciones. Sin embargo, después de su conversión, él y sus colaboradores vieron pueblos enteros convertidos como respuesta a oraciones específicas. En una ocasión él dijo: "La oración que obtiene la victoria es específica y se ofrece por un objeto específico. No podemos pedir por todas las cosas de forma general. En todos los casos registrados en la Biblia en los que hay respuesta a la oración, vale la pena anotar que quien hizo la petición oró por algo específico".[11]

Tres panes

Jesús enseñó el valor de las peticiones precisas cuando narró la historia del amigo que llega de visita a medianoche. Note que el hombre no pidió algo de comida, sino que solicitó "tres panes": "Les dijo también: ¿Quién de vosotros que tenga un amigo, va a él a medianoche y le dice: Amigo, préstame *tres panes....*" (Lucas 11:5). Jesús dijo que el atrevimiento de pedir algo específicamente junto a su persistencia y su disposición de venir a medianoche haría que su amigo "se levantara y le diera todo lo que necesite" (Lucas 11:8).

Vellón mojado

Gedeón creyó que el Señor lo había llamado a realizar una hazaña imposible: rescatar a Israel de los madianitas. Antes de lanzarse a una tarea tan intrépida, necesitaba tener plena certeza por eso le pidió al Señor una confirmación definitiva.

> *Y Gedeón dijo a Dios: Si has de salvar a Israel por mi mano, como has dicho, he aquí que yo pondré un vellón de lana en la era; y si el rocío estuviere en el vellón solamente, quedando seca toda la otra tierra, entonces entenderé que salvarás a Israel por mi mano, como lo has dicho. Y aconteció así, pues cuando se levantó de mañana, exprimió el vellón y sacó de él el rocío, un tazón lleno de agua.* (Jueces 6:36-38)

Antes de que usted se embarque en la tarea de discutir la legitimidad de poner un vellón, entienda lo siguiente: Gedeón había hecho una oración muy específica y recibió una respuesta específica. En esencia hizo exactamente lo que Jesús enseñó después, pedir "tres panes", o en este caso "un vellón mojado".

Éxito en la actualidad

Como ya lo hemos discutido, Nehemías era cautivo en Babilonia cuando recibió las noticias sobre la ruina y oprobio de Jerusalén, porque sus muros habían sido destruidos. Nehemías anhelaba reconstruir los muros pero necesitaba permiso de parte del rey para dejar Babilonia e ir a Jerusalén. Por ende, le pidió a Dios que actuara específicamente en el corazón del rey en la cita que iban a tener: "Concede ahora buen éxito a tu siervo, y dale gracia delante de aquel varón." (Nehemías 1:11). La petición de Nehemías no fue amorfa y vacía; no fue vaga y ambigua. Le pidió a Dios que diera en un blanco concreto. Le pidió a Dios que lo favoreciera el mismo día que iba a pedirle ayuda al rey sobre la necesidad en Jerusalén.

Orar por lluvia

John R. Rice (1895-1980) fue un pastor, evangelista y editor de *Sword of the Lord* (La espada del Señor) el periódico Cristiano quincenal más grande de su clase en su momento. Su libro *Oración: pedir y recibir* es una colección de aseveraciones intrépidas, historias desafiantes, versículos retadores y consejos prácticos sobre oraciones específicas. Se mantuvo firme en su visión de que la oración real es pedir y hacerlo por algo específico. Él dijo: "La oración no es sólo *pedir* algo en general sino *pedir algo específico*. Si no hay algo específico difícilmente es una oración".[12] Una vez narró lo acontecido en una serie de eventos evangelísticos en un pueblo al occidente de Texas en medio de una terrible sequía. El ganado y las cosechas estaban muriendo por la falta de lluvia. Cuando oró por la sequía y por las reuniones, Rice tuvo la clara convicción de que Dios quería mostrar su poder. Por eso le prometió a Dios que tan pronto como el pueblo estuviera listo para confesar sus pecados y orar por los perdidos, clamarían a Dios que enviara la lluvia junto con un avivamiento. Cuando llegó ese momento, el clima estaba igual de caliente y seco. Esa noche Rice le dijo a la gente que le pidiera a Dios que enviara la lluvia en un período de veinticuatro horas. Luego, Rice anunció de forma intrépida al público que estuviesen preparados para la lluvia en las próximas veinticuatro horas. Sólo si la lluvia llegaba en ese lapso de tiempo podrían ellos considerarla una respuesta a sus oraciones. El clima del día siguiente era muy caliente y no había ninguna esperanza de lluvia en el intenso azul del cielo.

El pueblo se reunió esa mañana y rogó a Dios que mostrara su poder enviando la lluvia durante el servicio vespertino.

Los comerciantes que vivían en el centro del pueblo se burlaban de la osada predicción de lluvia que había hecho Rice como respuesta a su petición específica de oración. No obstante, hacia las dos de la tarde, por primera vez en semanas, apareció desde el sur occidente un fuerte viento junto a una gigantesca nube oscura. Los vidrios de las ventanas de un almacén en el cual se habían reunido los burladores fueron destruidos por el viento. El cielo se rompió y la lluvia empezó a descender a cántaros sobre el pueblo. Esa noche la iglesia estaba atiborrada y todo el pueblo aprendió que Dios es real y que responde las oraciones concretas.[13]

Cincuenta personas salvas

Una vez por año nuestra iglesia tenía una semana de ayuno y oración. Un año, esa semana terminó en un día especial para traer amigos no cristianos a la iglesia. Después de orar algún tiempo, me sentí guiado a pedirle a la iglesia que oráramos para que cincuenta adultos fueran salvos en la reunión de ese domingo. Muchos ayunaron y oraron por sus amigos no salvos, y los invitaron a la iglesia. En ese momento nuestra iglesia celebraba tres servicios de adoración los domingos. Al finalizar el primer servicio, un par de personas hicieron una profesión pública de fe en Cristo. Al final del segundo servicio casi una docena de personas más recibieron a Cristo. Pero habíamos orado por cincuenta. El tercer servicio estuvo colmado de personas y era obvio que Dios estaba obrando. Hice la invitación y en todo el salón docenas de personas entregaron sus vidas a Cristo. Después del servicio, uno de nuestros pastores asociados se me acercó con una pila de tarjetas de oración de fe; me tomó por el brazo y dijo: "¡Cincuenta! Cincuenta personas salvas hoy". De inmediato cuatro hombres se me acercaron apresuradamente y me preguntaron con ansiedad: "¿Cuántos?"

"¿Cuántos qué?", les respondí bromeando.

"Tú sabes a que nos referimos", dijeron. "Pasamos la mañana en la capilla rogando a Dios que salvara cincuenta personas en nuestro servicio de adoración hoy".

"Deberían haber orado por más".

Esos cuatro hombres, junto a otros más de nuestra iglesia, habían sido específicos en la oración y Dios había sido concreto en la respuesta porque Dios responde esa clase de oraciones.

Cómo ser específicos en la oración

Permítame darle algunas sugerencias para aprender a ser más específico, intrépido y efectivo en la oración:

1. Ore para saber por qué orar. Eso puede sonar tonto pero me refiero al hecho que usualmente toma tiempo esperar en Dios y revisar nuestros motivos para escuchar su voz con claridad y saber por qué cosas debemos orar. Me parece que si voy a presentarme ante el trono de Dios, quiero tener la confianza de estar pidiendo lo correcto.

2. Ore por lo que realmente desee. Pienso que es mejor orar por unas cuantas peticiones específicas con osadía que pedir muchas cosas sin muchas ganas.

3. Examine su corazón para asegurarse de que sus motivos son puros. No pida a menos que esté seguro de que lo que pide glorificará a Dios.

4. Registre la información. Para la mayoría de las cosas eso puede significar hacer un registro escrito y para algunas peticiones, significa contarles a otras personas.

Pida en grande

El ministerio mundial *Los Navegantes* nació cuando Dawson Trotman, quien entonces tenía veinticinco años, decidió orar con un mapa del mundo en las manos dos horas diarias en la mañana durante cuarenta días. En esa temporada y en los años siguientes, mientras dedicaba su vida a entrenar a otros hombres, Dawson Trotman clamó como propias las siguientes promesas:

> *Clama a mí, y yo te responderé, y te enseñaré cosas grandes y ocultas que tú no conoces.* (Jeremías 33:3)
>
> *Porque a mis ojos fuiste de gran estima, fuiste honorable, y yo te amé; daré, pues, hombres por ti, y naciones por tu vida.* (Isaías 43:4)
>
> *Y los tuyos edificarán las ruinas antiguas; los cimientos de generación y generación levantarás, y serás llamado reparador de portillos, restaurador de calzadas para habitar.* (Isaías 58:12)

En los últimos años de su vida, mientras el ministerio de los Navegantes empezaba a esparcirse por todo el mundo, Trotman usualmente amonestaba a sus colegas con aseveraciones como: "Ustedes no están pidiendo cosas para todo el mundo; su visión es limitada. Necesitan pedir en grande". Si tenía que faltar a una reunión de su grupo de trabajo, le pedía a su reemplazo que "tomara nota de lo que habían pedido en oración y le contara la información porque quería saber si estaban pidiendo en grande".[14]

Suficientemente grande como para hacer que el sol se detenga

Josué tenía el inmenso reto de conquistar la tierra prometida derrotando a los paganos. Él aprendió el valor de una fe intrépida. Una vez le pidió a Dios algo tan grande que prácticamente escapa nuestra imaginación. Pero para un Dios infinito, nada de lo que pidamos es demasiado grande. Por eso, Josué le pidió al Señor que detuviese el sol... y Dios fue lo suficientemente poderoso como para hacerlo.

> *Entonces Josué habló a Jehová el día en que Jehová entregó al amorreo delante de los hijos de Israel, y dijo en presencia de los israelitas: Sol, detente en Gabaón; Y tú, luna, en el valle de Ajalón. Y el sol se detuvo y la luna se paró, hasta que la gente se hubo vengado de sus enemigos. ¿No está escrito esto en el libro de Jaser? Y el sol se paró en medio del cielo, y no se apresuró a ponerse casi un día entero. Y no hubo día como aquel, ni antes ni después de él, habiendo atendido Jehová a la voz de un hombre; ¡porque Jehová peleaba por Israel!*
>
> (Josué 10:12-14)

Suficientemente grande como para hacer descender fuego del cielo

Cuando llegue al cielo, deseo conocer a Elías porque fue un líder espiritual de alto impacto que era osado cuando era necesario. Como usted lo recordará, él desafío cientos de sacerdotes páganos idólatras a un duelo de poder. Ambos lados prepararían un sacrificio y el Dios que fuese capaz de responder con fuego sería declarado el vencedor y sería adorado.

Los adoradores de Baal oraron todo el día sin obtener respuestas. Baal no era un dios que oyera y respondiera las oraciones. Elías incrementó la dificultad empapando su sacrificio con agua. Él sabía que no hay agua que sea lo suficientemente capaz de apagar las llamas de fuego del Dios viviente. Luego, hizo una oración osada.

> *Cuando llegó la hora de ofrecerse el holocausto, se acercó el profeta Elías y dijo: Jehová Dios de Abraham, de Isaac y de Israel, sea hoy manifiesto que tú eres Dios en Israel, y que yo soy tu siervo, y que por mandato tuyo he hecho todas estas cosas. Respóndeme, Jehová, respóndeme, para que conozca este pueblo que tú, oh Jehová, eres el Dios, y que tú vuelves a ti el corazón de ellos.*
>
> (1 Reyes 18:36-37)

A Dios le encanta responder oraciones osadas porque revelan su poder y le dan gloria; ellas esparcen su nombre y prosperan su obra. Además hacen crecer nuestra fe. Dios contestó la osada oración de Elías con una respuesta aún más poderosa que la misma petición: "Entonces cayó fuego de Jehová, y consumió el holocausto, la leña, las piedras y el polvo, y aun lamió el agua que estaba en la zanja. Viéndolo todo el pueblo, se postraron y dijeron: ¡Jehová es el Dios, Jehová es el Dios!" (Versículos 38-39).

Suficientemente grande como para cambiar el clima

Si alguien orara y causara un impacto por un día en el clima, usted podría pensar que fue una coincidencia. Pero si la oración de esa persona afectara el clima por tres *años* y medio, usted sabría que esa oración tiene poder. Elías fue un hombre que osadamente le pedía a Dios cosas grandes. El libro de Santiago resume en pocas palabras la historia de las arriesgadas oraciones de Elías: "La oración eficaz del justo puede mucho. Elías era hombre sujeto a pasiones semejantes a las nuestras, y oró fervientemente para que no lloviese, y no llovió sobre la tierra por tres años y seis meses. Y otra vez oró, y el cielo dio lluvia, y la tierra produjo su fruto." (5:16-18).

Suficientemente grande como para proveer un carro nuevo

John R. Rice creía en pedirle a Dios cosas grandes, por tanto, escribió: "Pídale a Dios cosas grandes porque Él puede hacerlas".[15] También dijo: "La Biblia es un libro de respuestas maravillosas a las oraciones, de historias grandiosas de fe y de un Dios muchísimo más grandioso. No hay una sola indicación en ninguna parte de la Biblia con relación al hecho de que algún hombre haya esperado mucho más de Dios de lo que haya recibido o que a Dios le haya molestado porque alguien le haya pedido que hiciera algo sorprendente".[16]

En 1932 Rice conducía un Dodge tan viejo que una vez tuvo que hacerlo rodar por una colina para poder prenderlo. Entonces, un lunes le pidió a Dios con resolución que le diera un auto nuevo. Mientras oraba recordó que en 1926 le había prometido a Dios cuidar sus asuntos si el Señor se encargaba de los suyos. El miércoles Rice se puso en pie para enseñar en el servicio que la iglesia realizaba. Mientras caminaba al púlpito, uno de los hombres de la iglesia le entregó un sobre. Rice no sabía qué pensar hasta que notó que la gente de la congregación señalaba la ventana. Afuera había un Chevrolet grande y nuevo. Rice miró el sobre y vio en su interior las llaves del auto, el título de propiedad y la garantía. Los hombres de la iglesia habían recolectado dinero para comprarle a Rice un automóvil nuevo. Él no sabía los planes de ellos pero Dios sí. Ellos no sabían nada sobre la osado oración de Rice pero Dios sí.

Suficientemente grande como para pagar las cuentas

En 1936 llamaron a Rice para que presidiera una reunión de diez días en una ciudad lejana. Después de llegar, se llevó la sorpresa de que no se había invertido dinero en la promoción del evento y el grupo de asistentes era muy pequeño; de hecho, no había más de cincuenta personas. La iglesia estaba atravesando dificultades económicas y la ofrenda de 25 dólares ni siquiera alcanzaba a cubrir los gastos de su viaje. Además de eso, necesitaba con urgencia 920 dólares (una inmensa suma de dinero en la depresión económica de 1936) para cubrir los costos de impresión y envío de su popular periódico evangelístico, *La espada del Señor*. Rice contaba con las ofrendas de esa reunión de diez días para cubrir los gastos de envío del periódico.

Rice escribió que, con lágrimas en sus ojos, le había dicho al Señor que las cuentas eran de Él porque había incurrido en ellas por hacer su obra. "Es tu periódico, no el mío. Yo no me salvé a mí mismo mi me llamé a mí mismo a predicar. Si quieres un periódico, debes pagar las cuentas... Señor, depende de ti el poder pagar esas cuentas".[17] A la mañana siguiente en el tren de vuelta a casa, el portero salió de su auto con un telegrama y llamando en voz alta al señor Rice. Rice tomó el telegrama; era de su secretaria y simplemente decía:

Acaba de recibir un cheque
de mil dólares para su obra

El dinero provenía de un hombre que Rice jamás había visto, al cual nunca le había escrito y con quien jamás se había comunicado de ninguna forma.[18] Pero todos sabemos que en definitiva la fabulosa suma de dinero no provenía de ese hombre sino de Dios, el Dios que es lo suficientemente grande como para responder oraciones específicas, osadas y grandes.

Guía De Aplicación

¿Cuáles son las dos o tres ideas principales que desea recordar de este capítulo?

1. ______________________________

2. ______________________________

3. ______________________________

¿Cuáles son las grandes cosas en su vida y ministerio que sólo Dios puede hacer?

¿De qué forma planea aplicar los aspectos de la oración osada a esas necesidades?

Clame las promesas de Dios:

Sea específico:

Pida en grande:

CAPÍTULO 8

EDIFIQUE SOBRE BASES SÓLIDAS

Mas yo oraba (Salmo 109:4)

Hace poco estaba leyendo una vez más los salmos de David; mientras lo hacía meditaba sobre el verdadero secreto de su grandeza como líder y me encontré sorpresivamente con una frase que saltó ante mis ojos como si estuviese escrita en negrilla o mejor aún, como si estuviera resaltada con pintura de neón. David escribió el Salmo 109 mientras se enfrentaba a la persecución. En los versículos 2-4, tras describir la feroz oposición que sufría, al final David simplemente escribió "*... mas yo oraba*". Otras versiones lo traducen como: "*... pero yo soy un hombre de oración*". Esta frase es una sola palabra en hebreo, *tephillah*, que significa oración. Puede describir una intercesión, una súplica o una canción". Algunos traducen esta palabra como "me entrego a la oración", "recurro a la oración", "soy un hombre de oración" o "estoy en oración". Yo prefiero la perspectiva de Spurgeon, según la cual David en respuesta a la persecución dice: "me volví oración".[1] Me gusta especialmente la forma en que Adolph Saphir traduce este término *tephillah* en el Salmo 109; él dice: "Yo soy oración".[2] La oración era una parte tan importante en la vida de David que ella lo definía como hombre. En otras palabras, su vida era una oración. Eso me encanta.

¿Cuál era el secreto de David? ¿Qué lo hizo un hombre cuyo corazón latía al ritmo del corazón de Dios, según Hechos 13:22? ¿Por qué David era un hombre a quien Dios le confiaba el pastoreo de su pueblo? Una frase como esta lo dice todo: "... mas yo soy un hombre de oración". Mejor aún, una palabra lo dice todo: "oración".

Una variedad balanceada de oraciones

David fue pastor y músico; fue el que mató al gigante; soldado y fugitivo; general militar, símbolo de Robin Hood, rey, compositor y líder de adoración. Era un líder increíble. Pero lo más importante para notar es, que cada una de las cosas buenas que David lograba, fluía porque él era un hombre de oración.

Tenemos un registro muy limitado de las oraciones de la mayoría de los personajes bíblicos, pero en el caso de David la situación es diferente porque hay un libro completo de la Biblia, lleno de sus oraciones que fueron escritas durante los momentos más significativos y extremos de su vida. Pocos hombres han experimentado situaciones tan nobles y a la vez tan bajas, como las que atravesó el rey David. Pero lo fundamental que debemos observar es, que en todas las ocasiones y lugares; en la cima de la montaña o en el valle, David siempre oraba y sus oraciones eran muy variadas. Oraba de forma simple y compleja. Oraba con lágrimas y con preguntas. Se hacía propósitos osados y oraba con gran fe por ellos. También era equilibrado; hacía oraciones de adoración, confesión, gratitud y súplica.

Puesto que Dios es una persona, tiene personalidad. Nosotros también la tenemos ya que somos personas. La oración es expresar las muchas facetas de nuestra personalidad y llevar las situaciones ante los diversos aspectos de la personalidad de Dios. Una sola clase de oración no es suficiente; necesitamos orar todo tipo de oraciones (Efesios 6:18). Al estudiar las oraciones de decenas de líderes espirituales de alto impacto, observo que al igual que David, la oración era una característica fundamental de sus vidas. También he visto que hacían oraciones diversas y tenían un equilibrio en cuanto a los principales tipos de oración.

La oración modelo

Jesús les enseñó a sus seguidores a orar de forma equilibrada y variada. Observe los elementos de adoración, petición y confesión al leer su oración modelo.

> *Vosotros, pues, oraréis así: Padre nuestro que estás en los cielos, santificado sea tu nombre. Venga tu reino. Hágase tu voluntad, como en el cielo, así también en la tierra. El pan nuestro de cada día, dánoslo hoy. Y perdónanos nuestras deudas, como también nosotros perdonamos a nuestros deudores. Y no nos metas en tentación, mas líbranos del mal.* (Mateo 6:9-13)

El Dr. Elmer Towns estudió las iglesias más grandes del mundo. Uno de sus descubrimientos inesperados fue que muchos de los pastores de esas congregaciones frecuentemente oraban usando el modelo expresado en la oración que nos enseñó el Señor. Uno de los pastores afirmó: "Yo oro rondas. Al igual que un atleta que trota alrededor de una pista una y otra vez para estar en forma físicamente, yo oro rondas varias veces al día… orar rondas es orar la oración del Señor varias veces al día".[3]

La oración A.C.A.S. reorganizada

Trato de orar siguiendo el modelo de la oración del Señor por lo menos una vez al día. Me gusta su equilibrio porque incluye adoración, petición y confesión. También me gusta la forma en que las primeras líneas que contiene, reajustan mis prioridades (*tu* nombre, *tu* reino, *tu* voluntad). Cuando yo era un joven seguidor de Jesús, aprendí un acróstico que también me ayudó a tener variedad y equilibrio en mis oraciones. Este acróstico contiene los elementos principales revelados por Cristo en la oración modelo. Quizá usted lo conozca; el acróstico es ACAS.

A: Adorar

C: Confesar

A: Agradecer

S: Suplicar

Uno puede orar siguiendo este acróstico durante unos pocos minutos usando cada letra como encabezado y puede extenderse a horas completas de oración. En ciertas ocasiones he dedicado cuatro o cinco aseveraciones a cada sección y, en otras, he pasado una hora en cada una. Usualmente cambio el orden y lo convierto en A. A. C. S. de forma tal que primero me dedico a la Adoración y después a la Acción de gracias. De esa forma puedo seguir la instrucción del Salmo 100:4 que dice: "Entrad por sus puertas *con acción de gracias*, Por sus atrios *con alabanza*; Alabadle, bendecid su nombre".

Un estudio de las oraciones de David y de las vidas de los líderes de alto impacto revela que todos ellos usaron estos mismos tipos primordiales de oración. Al estudiar sus formas básicas, asuma el desafío de no anquilosarse y de profundizar en su relación con nuestro Dios infinito, por medio de un compendio de oraciones diarias equilibradas.

Acción de gracias

David amaba a Dios y conocía el glorioso poder de su presencia. Nada le producía más gozo que la oportunidad de bendecir a su pueblo y traer de vuelta a Israel el arca del pacto, aquella caja de madera, recubierta de oro, que simbolizaba la manifiesta presencia de Dios. Como resultado, priorizó de forma intencional la acción de gracias en la vida diaria de Israel. El día que el arca fue devuelta a su tierra natal, David designó algunos levitas para que se dedicaran de forma continua a dar gracias al Señor. Incluso escribió una oración de gratitud para que ellos la cantaran.

> *Alabad a Jehová, invocad su nombre, Dad a conocer en los pueblos sus obras... Aclamad a Jehová, porque él es bueno; porque su misericordia es eterna. Y decid: Sálvanos, oh Dios, salvación nuestra; recógenos, y líbranos de las naciones, para que confesemos tu santo nombre, y nos gloriemos en tus alabanzas.*
>
> (1 Crónicas 16:8, 34-35)

David repetía el mismo tema en muchos de sus salmos:

"Alabad a Jehová, porque él es bueno; Porque para siempre es su misericordia." (106:1; 107:1; 136:1). De hecho, se puede decir que este pensamiento de dar gracias a Dios por ser bueno y por su eterno amor fue el himno más usado en la Biblia. Fue semejante a "Maravillosa gracia", "Cuán grande es él" y "Cantad al Señor", del pueblo de Dios, durante siglos. Por ejemplo, cuando Salomón terminó de construir el templo y llevó el arca allá, instruyó a los levitas a vestirse de lino fino y a tocar los címbalos, las arpas y las liras. Además, 120 sacerdotes más debían acompañarlos al son de las trompetas. Luego, los músicos y los cantores debían unirse a ellos al unísono para darle gracias. ¿Qué canción entonaron?

> *Él es bueno, su misericordia es para siempre.*
>
> (2 Crónicas 5:13)

Dar gracias al Señor
(Parte 2)

Cuando Salomón terminó de construir el templo, celebró un servicio especial de dedicación. Dios se sintió agradado y lo expresó haciendo que descendiera fuego del cielo y consumiera la ofrenda quemada y los sacrificios. La gloria del Señor llenó el templo. Debe haber sido una escena espectacular; la gloria del Señor era tan densa que los sacerdotes ni siquiera podían entrar al templo. Entonces, la inmensa multitud de los israelitas que había visto descender el fuego del cielo y la gloria del Señor sobre el templo, respondió con gratitud. Todos se arrodillaron con sus rostros en el suelo. Luego, adoraron dando gracias al Señor y adivine lo que cantaron…

> *Él es bueno, su misericordia es para siempre.*
>
> (2 Crónicas 7:4)

Dar gracias al Señor
(Parte 3)

Años después de Salomón, Josafat, rey de Judá, se enfrentó a una amenaza terrible ante tres ejércitos. Decidió obrar con sabiduría y proclamó ayuno y oración para todo el pueblo con el objetivo de ser librados. Cuando Dios les prometió luchar por ellos, Josafat planteó uno de los planes de guerra más absurdos de toda la historia. Se basaba completamente en la fe y la acción de gracias. Léalo usted mismo:

> *Y habido consejo con el pueblo, puso a algunos que cantasen y alabasen a Jehová, vestidos de ornamentos sagrados, mientras salía la gente armada, y que dijesen: Glorificad a Jehová, porque su misericordia es para siempre.* (2 Crónicas 20:21)

Me habría gustado escuchar el diálogo que sucedió entre los hombres que guiaron el ejército a la batalla, sin escudos, espadas o carrozas. La única arma que tenían era la acción de gracias. En términos humanos, eso habría sido un suicidio, pero esta batalla le pertenecía al Señor y, afortunadamente, la acción de gracias era más que suficiente. Lea lo que sucedió:

> *Y cuando comenzaron a entonar cantos de alabanza, Jehová puso contra los hijos de Amón, de Moab y del monte de Seir, las emboscadas de ellos mismos que venían contra Judá, y se mataron los unos a los otros. Porque los hijos de Amón y Moab se levantaron contra los del monte de Seir para matarlos y destruirlos; y cuando hubieron acabado con los del monte de Seir, cada cual ayudó a la destrucción de su compañero. Y luego que vino Judá a la torre del desierto, miraron hacia la multitud, y he aquí yacían ellos en tierra muertos, pues ninguno había escapado. Viniendo entonces Josafat y su pueblo a despojarlos, hallaron entre los cadáveres muchas riquezas, así vestidos como alhajas preciosas, que tomaron para sí, tantos, que no los podían llevar; tres días estuvieron recogiendo el botín, porque era mucho... Y el pavor de Dios cayó sobre todos los reinos de aquella tierra, cuando oyeron que Jehová había peleado contra los enemigos de Israel. Y el reino de Josafat tuvo paz, porque su Dios le dio paz por todas partes.* (2 Crónicas 20:22-25, 29-30)

Dar gracias al Señor

(Parte 4)

Los judíos habían estado viviendo en el exilio en Babilonia durante setenta años y tal como el Señor lo había predicho, el rey Ciro decretó que podían retornar a su tierra natal. Su primera tarea fue reconstruir el templo. Se sentían asombrados por el privilegio y la responsabilidad de restaurar la alabanza del templo para Jerusalén. Cuando pusieron el fundamento, sólo había una canción que podía cumplir la profecía y ser útil para esta ocasión.

> *Alabad a Jehová de los ejércitos, porque Jehová es bueno, porque para siempre es su misericordia.* (Jeremías 33:11; vea también Esdras 3:10-11)

La naturaleza de la acción de gracias

La acción de gracias es la verbalización de la gratitud que hay en nuestro corazón; es expresar un reconocimiento a Dios por su generosidad. Es decirle "gracias" por los dones específicos que nos concede y es también una indicación de humildad y la cura ante la queja.

El hábito de dar gracias en la sombra del foso de los leones

El rey Darío era el nuevo gobernante de los medos y los persas. Cuando Darío decidió elegir su nuevo gabinete gubernamental, los rivales políticos de Daniel querían sacarlo del poder. Ellos sabían que la oración era un elemento tan importante en el liderazgo de este líder, que no dejaría de ofrecerla tres veces al día. De modo que planearon una estrategia para engañar al rey y hacer que emitiera una ley según la cual, durante los siguientes treinta días, cualquier hombre que orara a otro ser o dios distinto al rey, fuese enviado al foso de los leones. Darío ignoraba el asunto y firmó el edicto. Le pido que observe con cuidado la respuesta de Daniel: "Cuando Daniel supo que el edicto había sido firmado, entró en su casa, y abiertas las ventanas de su cámara que daban hacia Jerusalén, se arrodillaba tres veces al día, y oraba y daba gracias delante de su Dios, como lo solía hacer antes."

(Daniel 6:10). Observe la última frase: "*Daba gracias delante de su Dios, como lo solía hacer antes*". Daniel fue un líder maravilloso que finalmente se convirtió en el primer ministro de uno de los imperios más grandes de la historia. Él hizo de la acción de gracias el elemento esencial de sus oraciones e incluso cuando la situación se puso difícil, Daniel practicó la gratitud porque era un hábito piadoso que formaba parte de su vida. Dio gracias *como siempre lo había hecho.*

Como usted ya lo sabe, Daniel no halló el perdón que le *evitara* ir al foso de los leones. Pero Dios respondió a su hábito de ser agradecido y entró *con* él al foso de los leones. Como resultado, salió ileso. Además de eso, al ver que Daniel no había sufrido daño, el rey Darío decidió ejecutar a los enemigos de Daniel y aún más, emitió un nuevo decreto para que los habitantes de su reino reverenciaran al Dios de Daniel.

Gracias por las pulgas

Corrie ten Boom (1892-1983) fue una cristiana holandesa que ayudó a muchos judíos a escapar de los nazis durante la segunda guerra mundial. Por sus esfuerzos, fue enviada al famoso campo de concentración Ravensbruck en Alemania. Su hermana y su padre murieron en ese campo pero ella sobrevivió de forma milagrosa. Salió de allí convertida en una líder espiritual efectiva y retornó a Holanda en donde estableció centros de rehabilitación para los alemanes que trabajaron bajo el régimen nazi.

Durante su estadía en el campo de concentración, Corrie aprendió el poder de orar con gratitud. Su hermana, Betsy, la desafió a aprender a dar gracias en *todas* las circunstancias, incluyendo las pulgas que infestaban su frío y cruel dormitorio de madera. A Corrie le causó mucha dificultad poder dar gracias por eso. Unas pocas semanas después, las hermanas ten Boom habían logrado reunir una multitud de prisioneros que se encontraban todas las noches a leer la Biblia a la luz de una pequeña bombilla en aquella fría celda. Corrie se sintió asombrada porque ningún guardia interrumpiera el estudio bíblico vespertino que realizaban. Una noche Corrie le preguntó a una mujer: "¿Por qué los guardias nunca vienen a este dormitorio?". La mujer le respondió: "No quieren infestarse de pulgas"[4].

"Gracias a Dios por ustedes"

Pablo fue un líder maravilloso que llevaba una intensa vida de oración. Muchas veces Dios lo llamó a liderar personas como los Corintios que eran difíciles de conducir e incluso rechazaban su autoridad. Sin embargo, manifestó una increíble habilidad para evitar la amargura y mantener un corazón dispuesto hacia las personas. ¿Cómo logró hacer eso? Pablo creía en el poder de la acción de gracias. "Gracias doy a mi Dios siempre por vosotros, por la gracia de Dios que os fue dada en Cristo Jesús" (1 Corintios 1:4).

Sin importar por quién estuviera orando, Pablo tenía la costumbre de interceder con gratitud. Observe cómo la acción de gracias se manifiesta en sus cartas.

> *Primeramente doy gracias a mi Dios mediante Jesucristo con respecto a todos vosotros, de que vuestra fe se divulga por todo el mundo.* (Romanos 1:8)
>
> *No ceso de dar gracias por vosotros, haciendo memoria de vosotros en mis oraciones.* (Efesios 1:16)
>
> *Doy gracias a mi Dios siempre que me acuerdo de vosotros.* (Filipenses 1:3)
>
> *Siempre orando por vosotros, damos gracias a Dios, Padre de nuestro Señor Jesucristo.* (Colosenses 1:3)

> *Damos siempre gracias a Dios por todos vosotros, haciendo memoria de vosotros en nuestras oraciones.* (1 Tesalonicenses 1:2)
>
> *Debemos siempre dar gracias a Dios por vosotros, hermanos.* (2 Tesalonicenses 1:3)
>
> *Doy gracias a Dios, al cual sirvo... que sin cesar me acuerdo de ti en mis oraciones noche y día.* (2 Timoteo 1:3)
>
> *Doy gracias a mi Dios, haciendo siempre memoria de ti en mis oraciones.* (Filemón 1:4)

De hecho, Pablo incluso animó al joven líder Timoteo a seguir su ejemplo de agregarle acciones de gracias a cada intercesión: "*Exhorto ante todo, a que se hagan rogativas, oraciones, peticiones y acciones de gracias, por todos los hombres.* (1 Timoteo 2:1)

Empiece el día con acción de gracias

Jerry Falwell fue un líder espiritual empresarial. Su iglesia creció a más de veinte mil miembros. Él fundó y condujo la que llegó a ser la universidad evangélica más grande de la historia. El creía que "la oración es el centro de la vida cristiana".[5] Aunque era un defensor de muchas clases de oración, se sentía especialmente atraído a la acción de gracias. En una ocasión aseveró:

> Usualmente la mejor y más productiva forma de orar es la oración de acción de gracias. Durante estos treinta y cinco años he empezado cada día con oraciones de gratitud a Dios por lo que es y por lo que está haciendo en mi vida y en las vidas de mi familia, mis amigos y mi iglesia. No logramos imaginar cómo hace cambiar el curso del día cuando empezamos con oraciones de gratitud... porque podemos pasar ese día, agradecidos.

Agréguele a su lista de gratitud cada una de las cosas buenas que hay en su vida en este momento o que hubo en el pasado. Mire al futuro y agradézcale por las bendiciones que han de venir. Llene su vida de acción de gracias; desarrolle la actitud de gratitud. Aún si en un momento particular de su vida no se siente agradecido, tome la decisión de dar gracias. El sólo acto de hacer oraciones de gratitud puede transformar un día feo y oscuro en un día de gozo y sorpresas maravillosas.[6]

Aplique la acción de gracias

Haga su propia lista de acción de gracias. Vea si logra hacerla con cincuenta cosas por la cuales puede estar agradecido. Empiece con bendiciones espirituales como la Biblia, oraciones respondidas, el cielo, el perdón, el Espíritu Santo y su iglesia. Trate de enumerar, por lo menos, diez bendiciones especiales. Luego haga una lista de las bendiciones físicas como: la capacidad de ver, caminar, oler y gustar. Agradézcale a Dios por sus bendiciones materiales como un lugar para vivir, ropa, alimento, un auto, muebles, libros y demás. Diga "gracias" a Dios por suplir sus varias necesidades financieras. Agradézcale por las lecciones que le ha estado enseñando últimamente. También agradézcale por las dificultades que ha pasado y por la forma en que han beneficiado su vida y déle gracias por las cosas que usted cree que Él va a hacer en su favor hacia el futuro.

Dé gracias a Dios por personas que sean fundamentales en su vida, como familiares, amigos, compañeros de trabajo y vecinos. Agradezca también por las autoridades y los mentores espirituales.

Concluya agradeciendo por los pastores, maestros y misioneros que conoce.

Cultive una actitud de gratitud

Durante las siguientes veinticuatro horas o más, haga un intento consciente de que todas las oraciones que eleve a Dios sean de gratitud. Convierta todas sus oraciones en una expresión de agradecimiento.

Sea agradecido en todo momento

Durante los próximos días, cada hora que pase déle gracias a Dios por algo. Tenía un amigo que llegó al punto de fijar la alarma de su reloj para que sonara cada hora y le recordara dar gracias. Me contó que en el transcurso de una semana su actitud y su andar con Dios habían cambiado de forma asombrosa.

Déle a Dios un minuto de gracias

Dios nos concede mil cuatrocientos minutos al día. Lo invito a hacer una pausa el próximo minuto y encontrar cinco cosas por las cuales pueda dar gracias a Dios.

A: adoración

La adoración esencialmente es una repuesta positiva a la persona de Dios. Jesús nos enseñó a iniciar nuestras oraciones con adoración cuando dijo: "Padre nuestro que estás en los cielos, santificado sea tu nombre." (Mateo 6:9).

Nehemías abrió su oración con adoración al referirse al Señor como "Dios de los cielos, fuerte, grande y temible, que guarda el pacto y la misericordia a los que le aman y guardan sus mandamientos."(Nehemías 1:5). Cuando oramos, la adoración y la gratitud siempre serán la mejor forma de iniciar nuestras plegarias. Al enfocarnos primero en Dios, declaramos nuestra prioridad y ponemos nuestras necesidades y las de otras personas en la perspectiva correcta.

Pienso que muchos de nosotros nos sentimos atraídos hacia el salmista David porque durante su vida tuvo una relación con Dios auténtica, sincera y abierta. Así como era diligente para adorar a Dios con una honestidad osada, también lo fue para presentarle su humilde alabanza. La adoración controlaba las oraciones de David; fue un líder de adoración que cantaba, tocaba, escribía y danzaba la adoración al Señor. David usa el término *adoración* más de cien veces en las oraciones que aparecen registradas en los Salmos. De hecho, la palabra hebrea que se traduce como Salmos es la misma palabra que se utiliza para alabanza (*dehillah*). La vida de adoración de David era tan rica que utilizó muy diversas palabras hebreas para describir la variedad de alabanzas que saturaban sus oraciones.

1. *Yadah* que significa agradecer o alabar (Salmo 9:1).

2. *Zamar* cuyo significado es cantar alabanzas, hacer música o tocar un instrumento musical (Salmos 9:2,11).

3. *Dehillah* que significa dar alabanza pública, canciones o himnos de alabanza (Salmo 22:3, 25).

4. *Halal* fue uno de los términos favoritos de David para la alabanza. Significa celebrar o hacer alarde. Es el mismo término del cual obtenemos nuestra palabra aleluya que significa alabar al Señor (Salmo 22:22; 32:2).

5. *Barak* es otro término muy usado por David. Significa arrodillarse o bendecir (Salmo 34:1).

6. *Todah* significa confesión, alabanza y acción de gracias. Puede describir una canción o una ofrenda de gratitud. (Salmo 69:30).

7. *Shabach* es utilizada muy pocas veces por David. Significa alzar alabanza o reconocer (Salmo 63:3, 4, 145:4).

8. *Ranan* es una palabra que describe una forma de ofrecer alabanza. Significa clamar, gritar o cantar de gozo; dar un grito poderoso (Salmo 5:11).

Cantando alabanzas

Obviamente David no era el único líder espiritual que valoraba y practicaba la adoración. Desde la época de David, y quizá desde antes, los líderes espirituales han tenido el hábito de cantar oraciones de adoración. Los himnarios contienen muchas de esas oraciones, las cuales se pueden identificar porque terminan con la palabra *amén*. Muchas de las canciones de alabanza y adoración que entonamos hoy en día son en realidad oraciones. El filósofo y teólogo Agustín (354-430) fue el obispo de la ciudad de H*ipona*, ubicada al norte de África. Fue una de las figuras más importantes en el desarrollo del cristianismo occidental. Lo que me parece impactante es que ese reconocido teólogo valoraba ampliamente y comprendía a profundidad la adoración. Por eso, escribió: "Cantar una vez es orar dos veces".[7]

El gigantesco líder espiritual, Martín Lutero, también fue un fuerte practicante de la adoración; escribió el maravilloso himno "Castillo fuerte es nuestro Dios". Lutero era tan práctico que dijo: "Cuando no puedo orar, siempre canto".[8]

El poder de la adoración en prisión

Pablo y Silas fueron algunos de los misioneros de la iglesia cristiana del primer siglo. Poco después de llegar a Filipos con la esperanza de plantar una iglesia, fueron arrestados por haber echado fuera un demonio del cuerpo de una esclava que practicaba la adivinación. Los propietarios de la chica no se sintieron agradecidos porque perdieron una fuente de ingresos; por eso, agitaron la multitud y las autoridades en contra de Pablo y Silas. Como resultado de esa acción, fueron golpeados severamente y llevados a la celda más remota que había en la prisión de esa ciudad; además les ataron los pies con grilletes.

No sé lo que usted haría pero yo tengo la tendencia a sentir autocompasión. Una situación tan difícil me haría protestar y lamentarme; pero esa no fue la reacción de Pablo y Silas. Ellos se rehusaron a la idea de comportarse de esa forma y, por el contrario, se entregaron a la adoración y la alabanza. La Biblia lo expresa de la siguiente forma: "Pero a media noche, orando Pablo y Silas, cantaban himnos a Dios" (Hechos 16:25). La adoración se convirtió para ellos en algo poderoso porque cuando empezaron a adorar, Dios empezó a obrar.

> *Entonces sobrevino de repente un gran terremoto, de tal manera que los cimientos de la cárcel se sacudían; y al instante se abrieron todas las puertas, y las cadenas de todos se soltaron. Despertando el carcelero, y viendo abiertas las puertas de la cárcel, sacó la espada y se iba a matar, pensando que los presos habían huido. Mas Pablo clamó a gran voz, diciendo: No te hagas ningún mal, pues todos estamos aquí. Él entonces, pidiendo luz, se precipitó adentro, y temblando, se postró a los pies de Pablo y de Silas; y sacándolos, les dijo: Señores, ¿qué debo hacer para ser salvo?* (Hechos 16: 26-30)

En cualquier circunstancia adore a Dios

Habacuc fue un líder espiritual que luchó contra la soberanía de Dios. Con su corazón quebrantado por el pecado, las dificultades y la opresión que derribaron a Judá, Habacuc clamó a Dios pero el Señor aparentemente no hizo nada. Escuche la frustración que se evidencia en su oración. "¿Hasta cuándo, oh Jehová, clamaré, y no oirás?" (Habacuc 1:2). Cuando Dios finalmente contestó, la respuesta no fue lo que Habacuc quería. El Señor le dijo que planeaba usar a los inmisericordes babilonios para ejecutar su juicio. En un acto de fe y sumisión a la voluntad y a los caminos del Dios soberano, Habacuc respondió con una tremenda explosión de adoración. Su canto está registrado en todo el capítulo tres del libro que lleva su nombre. Observe las poderosas exclamaciones de adoración que hay al inicio y al final del capítulo.

> *Oh Jehová, he oído tu palabra, y temí. Oh Jehová, aviva tu obra en medio de los tiempos, en medio de los tiempos hazla conocer; en la ira acuérdate de la misericordia... Con todo, yo me alegraré en Jehová, y me gozaré en el Dios de mi salvación. Jehová el Señor es mi fortaleza, el cual hace mis pies como de ciervas, Y en mis alturas me hace andar.* (Habacuc 3:2,18-19)

Adore hasta el final

Juan y Carlos Wesley, los padres de la iglesia Metodista ayudaron a buscar el Gran Avivamiento. Ellos llevaban una vida de adoración. Carlos (1707-1788) fue uno de los mejores compositores de canciones de adoración de toda la historia. Escribió himnos clásicos de adoración como por ejemplo *¿Cómo es posible que yo lo haya obtenido?*, *Escuchen, los ángeles heraldos están cantando*, y *Mil lenguas para cantar.* Sus canciones hicieron que el movimiento metodista estuviese fundamentado en la adoración.

Algunas de las últimas palabras de su hermano Juan en esta tierra fueron proclamadas mientras entonaba un himno:

> *Yo adoraré a mi Hacedor mientras respire,*
> *Y cuando mi voz se pierda ante la muerte,*
> *Usaré mis mejores capacidades para adorar;*
> *Mis días de adoración jamás desaparecerán,*

Mientras mi vida, mis pensamientos y mi ser existan,
Y también cuando llegue a la eternidad.

Al poco tiempo, cuando Juan Wesley partía de esta vida a la eternidad, pidió a los que estaban reunidos junto a su lecho, que llenaran el ambiente de adoración y alabanza. Sus últimas palabras fueron: "Adoraré; adoraré".[9]

Dedíquese a la adoración

1. Inicie cada tiempo de oración con una o dos frases de adoración. Santificado sea tu nombre.
2. Escuche y cante alabanzas en su automóvil, su hogar y su lugar de trabajo.
3. Cuando adore en grupo, alabe de forma activa. No permita que su mente se llene de otros pensamientos. Concéntrese en las palabras que está cantando. Lo más importante es que se imagine a Aquel para quien fueron escritas y las cante como si estuviera ante el trono del Rey de reyes, porque en un sentido muy real eso es lo que está pasando.

Confesión

Cuando el rey David llegó a la mitad de su vida tuvo una horrible crisis. Como fruto del aburrimiento y el cansancio, decidió dejar de ser responsable, bajar su defensa y, en un acto de necedad, propiciar un encuentro sexual con una mujer casada que se llamaba Betsabé (2 Samuel 11:1-5). Luego, en medio de la desesperación, trató de esconder su pecado bajo un manto de engaños que no le funcionó. Urías, el esposo de Betsabé, demostró el carácter y compromiso que le faltó a David (versículos 6-13). David abusó de su poder de forma descarada y decisiva para hacer asesinar a Urías en batalla (versículos 14-27). Después se casó con Betsabé y asumió que nadie "lo notaría jamás". Pero David… y, obviamente Dios, sabían lo que había sucedido. Dios siempre sabe todo.

La culpa es horrible, espantosa, terrible y aterradora. Pero Dios, que es misericordioso, no nos abandona; Él obra para que no seamos tragados por ese contaminado pozo de la culpa. Por el contrario, nos busca; su espíritu nos acecha. Su palabra sale a la caza de nuestro corazón y nos habla. El amor de Dios, su Espíritu y sus palabras de amonestación persiguieron a David por medio de un mensajero, el profeta Natán, quien de forma hábil amonestó al rey y le lanzó un golpe certero al corazón, con cuatro palabras: "Tú eres aquel hombre" (2 Samuel 12:1, 7-9). David sabía exactamente a lo que se refería el profeta y se vio atrapado; sabía que no había ningún lugar en donde pudiera esconderse. Inmediatamente profirió las únicas palabras que pueden borrar las horribles manchas de la culpa: "Pequé contra Jehová" (2 Samuel 12:13).

Después de que David admitió su pecado, la gracia y la misericordia de Dios se derramaron sobre su vida. Natán le dijo las mejores palabras que un alma culpable puede escuchar: "Jehová ha remitido tu pecado" (2 Samuel 12:13). Tiempo después David registró su experiencia en un Salmo maravilloso:

> *Ten piedad de mí, oh Dios, conforme a tu misericordia; Con forme a la multitud de tus piedades borra mis rebeliones. Lávame más y más de mi maldad, y límpiame de mi pecado…*
>
> *Purifícame con hisopo, y seré limpio; Lávame, y seré más blanco que la nieve. Hazme oír gozo y alegría, y se recrearán los huesos que has abatido. Esconde tu rostro de mis pecados, y borra todas mis maldades. Crea en mí, oh Dios, un corazón limpio, y renueva un espíritu recto dentro de mí. No me eches de delante de ti, y no*

> *quites de mí tu santo Espíritu. Vuélveme el gozo de tu salvación, y espíritu noble me sustente. Entonces enseñaré a los transgresores tus caminos, y los pecadores se convertirán a ti. Líbrame de homicidios, oh Dios, Dios de mi salvación; Cantará mi lengua tu justicia. Señor, abre mis labios, y publicará mi boca tu alabanza. Porque no quieres sacrificio, que yo lo daría; No quieres holocausto. Los sacrificios de Dios son el espíritu quebrantado; Al corazón contrito y humillado no despreciarás tú, oh Dios.* (Salmo 51: 1, 2, 7-17).

Los líderes pecan... incluso los mejores, pero los sabios confiesan sus pecados.

"Confieso"

Antes de que Nehemías emprendiera su gran labor para el Señor, confesó su pecado. Aceptó la responsabilidad que le correspondía por su pecado, el pecado de la casa de su padre y el pecado de su pueblo. "Confieso los pecados de los hijos de Israel que hemos cometido contra ti; sí, yo y la casa de mi padre hemos pecado. En extremo nos hemos corrompido contra ti, y no hemos guardado los mandamientos, estatutos y preceptos que diste a Moisés tu siervo." (Nehemías 1:6-7). Quizá Dios ha puesto una carga grande e importante en *su* corazón. Antes de empezar a hacerlo, cerciórese de que está limpio de pecado.

"¡Ay de mí!"

Isaías tuvo la increíble experiencia de haber estado presente ante el trono de Dios. Describió al Señor como exaltado sobre todos los demás seres. Además, lo vio rodeado de serafines sorprendentes; los únicos seres que contemplan perpetuamente la presencia del Dios santo. Estos seres no sólo contemplan a Dios eternamente sino que cantan continuamente en una epifanía armónica el único atributo de Dios que sobresale por encima de los demás; es decir, la santidad, una separación absoluta de cualquier y de todo tipo de pecados. Una escena tan especial hizo poner de rodillas a Isaías y puso de manifiesto tanto su pecado como el de su pueblo. La única respuesta posible que pudo hallar el profeta fue declarar su culpa y confesar su pecado.

> *Vi yo al Señor sentado sobre un trono alto y sublime, y sus faldas llenaban el templo. Por encima de él había serafines; cada uno tenía seis alas; con dos cubrían sus rostros, con dos cubrían sus pies, y con dos volaban. Y el uno al otro daba voces, diciendo: Santo, santo, santo, Jehová de los ejércitos; toda la tierra está llena de su gloria...*
>
> *Entonces dije: ¡Ay de mí! que soy muerto; porque siendo hombre inmundo de labios, y habitando en medio de pueblo que tiene labios inmundos, han visto mis ojos al Rey, Jehová de los ejércitos.* (Isaías 6: 1-3,5).

En los siguientes versículos vemos que en ese momento Isaías recibió su llamado y empezó su ministerio, pero no olvide que lo primero que hizo el profeta fue enfrentar de forma decisiva su pecado. Dios no usa vasos sucios; debemos estar limpios si esperamos ser usados.

La característica de la confesión

Confesar es estar de acuerdo con Dios sobre la existencia y la gravedad de nuestro pecado. Es permitir que el pecado de nuestros corazones, nos quebrante. Es permitir que mis pensamientos se llenen del dolor que nuestro pecado le causó al Padre y a Jesús en la cruz; también es permitir que ese dolor mueva nuestras emociones y cambie nuestra voluntad. Es ver nuestros pecados como Dios los ve. No basta con permitir que Dios nos examine en lo más profundo y nos muestre el pecado. Debemos dar el siguiente paso y permitir que ese dolor nos lleve a confesarlo no a excusarnos, ni racionalizarlo o echarle la culpa a alguien más.

Si confesamos nuestro pecado

El apóstol Juan creía firmemente que la confesión constante del pecado era necesaria para tener una íntima relación con Dios. También nos enseñó que Dios está dispuesto a perdonar nuestro pecado:

> *Éste es el mensaje que hemos oído de él, y os anunciamos: Dios es luz, y no hay ningunas tinieblas en él. Si decimos que tenemos comunión con él, y andamos en tinieblas, mentimos, y no practicamos la verdad; pero si andamos en luz, como él está en luz, tenemos comunión unos con otros, y la sangre de Jesucristo su Hijo nos limpia de todo pecado. Si decimos que no tenemos pecado, nos engañamos a nosotros mismos, y la verdad no está en nosotros. Si confesamos nuestros pecados, él es fiel y justo para perdonar nuestros pecados, y limpiarnos de toda maldad.* (1 Juan 1: 5-9)

Usemos la confesión

1. Sabemos que es importante lavar nuestros cuerpos físicos todos los días, pero es incluso más importante cerciorarnos de que nuestras almas estén también limpias todos los días. La limpieza espiritual proviene del lavamiento de la Palabra *y* de la confesión del pecado. Si no lo hace, tome un tiempo todos los días para mirar su vida en retrospectiva y confesar su pecado.

2. Una casa se debe limpiar todas las semanas pero además necesita una profunda limpieza una o dos veces al año. De igual manera, haga planes de una o más horas cada

ciertos meses, para ir a la presencia de Dios, y pídale que le revele sus pecados ocultos. Tenga en cuenta que lo que sucede en esos momentos es semejante a lo que pasa cuando pelamos una cebolla. Hay capas. Primero Dios le muestra los pecados obvios y externos. Después entra a los pecados más profundos del corazón y de las actitudes.

Súplica

La súplica es simplemente el acto de pedirle a Dios que *supla* necesidades y se puede hacer en favor de las nuestras o de las de los demás. Se trata de orar: "*danos hoy nuestro pan de cada día*". Tiene que ver con presentar nuestros problemas ante el Señor y permitir que Él los maneje. Es un ejercicio de reemplazar la preocupación, por la oración y de convertir esos problemas y presiones que enfrentamos, también en oración. Es un acto en el cual presentamos nuestra lista de preocupaciones al Señor. Es tomar la decisión de no preocuparnos porque decidimos orar y, por el contrario, echamos nuestras inquietudes sobre Dios porque Él tiene cuidado de nosotros.

El progreso del peregrino, el libro escrito por Juan Bunyan (1628-1688), es el segundo libro más popular de toda la historia, después de la Biblia. Bunyan escribió la mayor parte de él mientras sufría en prisión por predicar el evangelio. Este hombre entendía la vida cristiana como pocos hombres lo han hecho. También entendía la oración. En 1662, aún en prisión, escribió una definición de la oración como una súplica: "La oración es un derramamiento sincero, sensato y devoto de nuestro corazón y nuestra alma delante de Dios, por medio de Cristo, con la ayuda y la fortaleza del Espíritu Santo, pidiendo las cosas que Dios ha prometido, según la Palabra del Señor, para el bien de la iglesia, en fe y sumisión a la voluntad de Dios".[10]

"Danos hoy nuestro pan de cada día"

Jesús les enseñó a sus discípulos a pedir a Dios por sus necesidades diarias (Mateo 6:11). El Señor siempre se ha mostrado fiel para suplir las necesidades de su pueblo. Le dio a los hijos de Israel maná del cielo durante cuarenta años, es decir seis milagros semanales año tras año (Éxodo 16:35). Impidió que sus vestidos y su calzado se desgastara durante esos cuarenta años (Deuteronomio 29:5). Les dio codornices cuando le pidieron carne (Éxodo 16:13; Números 11:31) y agua cuando tuvieron sed (Números 20:11).

Dios uso cuervos para alimentar a Elías (1 Reyes 17:3-6). Luego alimentó a Elías, a una viuda y a su hija, durante varios días, usando solamente una pequeña porción de harina y un poco de aceite (versículos 9-16). Después, envió su ángel para que le horneara un pastel a Elías y le diera un poco de agua (1 Reyes 19: 5-7). Jesús guió a sus discípulos a pescar tantos peces que sus redes empezaron a romperse (Lucas 5:4-8). En una ocasión alimentó cinco mil familias con el almuerzo de un niño (Lucas 9:10-17). Después alimentó cuatro mil hombres junto a sus familias con una cantidad igual de pequeña (Mateo 15: 29-38).

El Dios que hizo todo eso en el pasado está plenamente interesado en las oraciones actuales que *usted* está elevando ante su trono. Él no ha cambiado; todavía está dispuesto y es capaz de suplir *sus* necesidades diarias. Usted necesita ir ante Él y pedirle.

La oración: pedir y recibir

John R. Rice, nuestro pastor, evangelista y editor del periódico quincenal cristiano más influyente en su momento, *La espada del Señor*, que tenía una circulación de más de nueve mil ejemplares, cuyos libros y panfletos escritos totalizan más de sesenta millones de copias, era un hombre sencillo con una perspectiva también sencilla de la oración y de su poder. Comprendía cuál era la naturaleza y poder de la súplica; por eso, afirmó: "La oración es pedirle algo específico a Dios".[11] También dijo: "Recuerde que orar es PEDIR. Recuerde que la respuesta a la oración es TENER".[12]

Provisiones diarias

Dawson Trotman, fundador de los Navegantes, y su joven esposa, Lila, se entregaron plena y libremente a discipular marineros. Renunció a su trabajo para ministrar de tiempo completo abriendo las puertas de su hogar para que ellos vinieran a su casa por unos cuantos días y él pudiese discipularlos. Frecuentemente las necesidades superaban los pequeños ingresos de la pareja. La súplica a Dios para que proveyera el pan de cada día era un elemento diario en las oraciones de ellos. Su biógrafo escribe:

> Los gastos rápidamente superaron los ingresos... la oración por pan diario era un asunto de todos los días. En una ocasión el apartamento estaba lleno de marineros, tanto que algunos dormían en el piso. Dawson y Lila subieron al cuarto y oraron antes de retirarse a dormir e incluyeron una petición por alimentos para la mañana siguiente. Después de la media noche, un marinero golpeó a la puerta y les entregó un dólar... Dawson espero a que todos volvieran a dormir para que nadie sospechara, salió de casa y fue de compras. Compró tocino, huevos, pan y margarina para el desayuno en un supermercado que abría 24 horas.[13]

También dice:

> Durante casi cuatro años de ministerio con los Navegantes Dawson y Lila se aferraron a la práctica

de no mencionar sus necesidades económicas y confiar sólo en que Dios proveería lo que necesitaban. Sin sentir auto compasión, con un espíritu de expectativa, se maravillaban de las cosas que Dios hacía. La provisión de Dios fue tan frecuente que todos los días había victorias sobre situaciones críticas. Un cheque llegaba a tiempo para cubrir el pago de los servicios públicos, el conductor de un camión de leche que se acaba de averiar golpeaba en la puerta y preguntaba si querían usar una gran cantidad de leche porque se iba a echar a perder.[14]

Provisión diaria
(Parte 2)

Probablemente ningún líder haya sido mejor a la hora de tener una conversación diaria con el Señor sobre las necesidades básicas y ministeriales que George Müeller, nuestro hombre que estableció y construyó 117 escuelas que educaron a más de 120.000 jóvenes. Él recibió provisión divina para cada prenda de vestir y cada comida para más de diez mil huérfanos todos los días solamente por medio de la fe y la oración, sin jamás hacer alguna colecta publica o pedir ayuda de algún hombre. La consistente fe de Müeller en la oración es simplemente sorprendente. En una ocasión aseveró que durante el curso de su vida vio más de cincuenta mil respuestas a sus peticiones. Incluso afirmó que treinta mil de esas respuestas llegaron *el mismo día u hora* en que realizó la petición.[15] Todos los días le pidió al Señor que supliera sus necesidades y todos los días el Señor lo hizo.

Ponga en práctica la súplica

1. Haga una lista de las diez necesidades personales más importantes que hay en su vida. Ore por ellas por lo menos una vez al día.

2. Haga una lista de las diez necesidades más importantes que hay en su ministerio. Ore por ellas una vez al día y por lo menos una vez a la semana con otras personas involucradas en su ministerio.

3. Haga varias pequeñas listas de peticiones. Haga una por los miembros de su familia y otra por los perdidos; haga una por los misioneros y otra por los líderes que le ayudan. Haga también una por los líderes a los que usted sirve. Ore por esas listas *por lo menos* una vez a la semana.

Guía De Aplicación

¿Cuáles son las dos o tres ideas principales que desea recordar de este capítulo?

1. ______________________________

2. ______________________________

3. ______________________________

Escriba las formas en que va a aplicar lo siguiente:

Acción de gracias:

Adoración:

Confesión:

Súplica:

CAPÍTULO 9

Tenga Buenos Hábitos

A medida que estudiaba las vidas de los líderes de alto impacto, noté que había algunos hábitos de oración que no todos ellos usaban, pero, que valía la pena aprender. En cierta manera esos eran los mismos grandes hábitos, de los mejores líderes y guerreros de oración. En este capítulo los estudiaremos brevemente. Estoy seguro de que usted descubrirá que algunos de ellos le ayudarán y fortalecerán su vida de oración.

Oren sin cesar: Pablo y Spurgeon

Vemos que Pablo fue uno de los líderes espirituales más grandiosos que ha habido en la historia de la humanidad; que marcó la diferencia tanto por su trabajo de plantación de iglesias como por escribir una gran porción del Nuevo Testamento. Su éxito en parte provino de su vida de oración; de hecho en sus cartas encontramos muchos ejemplos y enseñanzas sobre el tema. Uno de los mandamientos que nos entregó y que todos conocemos es el, corto pero poderoso, mandato que aparece registrado en 1 Tesalonicenses 5:17 “Orad sin cesar”. Estas tres palabras son muy fáciles de pronunciar pero... muy difíciles de aplicar.

Charles Spurgeon, nuestro exitoso pastor inglés que predicó a multitudes de personas todos los domingos, fue un líder que entendió y aplicó la instrucción de Pablo. Al predicar sobre este pasaje, explicó:

> Mientras sus manos estén ocupadas en las tareas del mundo, permita que su corazón hable con Dios; no diciendo veinte frases al tiempo, pues tal labor puede impedirle realizar lo que esté haciendo, pero sí por medio de frases incompletas y de interjecciones... o podemos orar sin palabras por medio de una mirada que alza los ojos al cielo o con un suspiro del corazón. El que ora sin cesar usa muchos dardos pequeños y poderosas granadas que surgen de un deseo piadoso y que lanza en cada momento que tiene disponible. En ocasiones encenderá el horno de sus deseos con un gran fuego por medio de la oración habitual y, como consecuencia, en otros momentos, las chispas seguirán elevándose hacia el cielo por medio de breves palabras, de miradas y de deseos.[1]

El biógrafo de Spurgeon observó: "Si miramos la vida íntima de este hombre que Dios honró de una forma tan maravillosa en el mundo, no encontraremos a Spurgeon de rodillas y no es porque él no orara, sino porque oraba sin cesar".[2] La sencilla explicación que Spurgeon daba al respecto era: "Siempre siento que lo mejor es sencillamente proferir algunas cuantas oraciones en medio de todo lo que hago".[3]

Uno de sus amigos narró que en una ocasión iban caminando por un sendero junto a un bosque cuando Spurgeon de forma casual hizo una pausa e invitó al amigo a ponerse de rodillas. En ese momento Spurgeon "derramó su alma ante Dios en la oración más amorosa y reverente que he escuchado... esa forma de orar era tan común para su mente como lo era el hábito de respirar para su cuerpo".[4]

Use la oración incesante

1. Trate de hacer un par de oraciones antes de iniciar cada nueva actividad todos los días.
2. Trate de entregarle a Dios cada uno de sus pensamientos por medio de una oración sencilla de una o dos palabras como por ejemplo *gracias, ayúdame* o *bendíceme.*

Peticiones perseverantes – George Müller

Como ya lo hemos mencionado anteriormente, George Müller fue uno de los líderes espirituales más efectivos que el mundo ha tenido a lo largo de su historia. Dios usó a este pastor, evangelista y filántropo para hacer cosas maravillosas. Este hombre hizo circular 111 millones de tratados y panfletos bíblicos, 1.4 millones de Nuevos Testamentos y 275.000 Biblias en diferentes idiomas al igual que un número semejante de pequeñas porciones de la Escritura; apoyó 89 misioneros y después de cumplir setenta años de edad, predicó el evangelio en 42 naciones a un número cercano a los 3 millones de personas. Durante su vida cuidó más de 10.000 huérfanos, proveyó educación para 123.000 estudiantes y recibió 7.5 millones de dólares que nunca pidió de una multitud de hombres sólo por medio de la fe y la oración.

Su única política financiera era no pedirle a nadie sino sólo a Dios, que supliera sus necesidades y las necesidades de su ministerio que crecía todo el tiempo. Enunció con claridad el mayor objetivo de sus orfanatos: "El objetivo primordial de la obra es mostrarle al mundo entero... que incluso en estos últimos y malvados días, el Dios viviente está listo a probar que es el Dios verdadero y que siempre está dispuesto a ayudar... y a responder las oraciones de quienes confían en él".[5] Uno de los aspectos más sobresalientes de la vida de oración de Müller fue su práctica de persistir en las peticiones que le hacía a Dios *hasta* que la respuesta le fuera concedida. Este hombre se rehusó con toda terquedad a dejar de pedir.

En ciertas ocasiones cuando la esperanza parecía perdida y las respuestas se demoraban en llegar, él sencillamente incrementaba la frecuencia y el número de veces que hacía sus peticiones. Por ejemplo, cuando necesitaban nuevas personas en la obra con urgencia, Müller hacía que el grupo de personas con las que laboraba triplicara sus tiempos de oración diaria: "En lugar de orar una vez al día con respecto al asunto, como lo veníamos haciendo día tras día durante años, decidíamos reunirnos tres veces al día para presentar la petición ante Dios".[6]

En una ocasión en la que necesitaba una larga suma de dinero para ampliar su ministerio con los huérfanos y construir dos nuevas e inmensas casas para ellos, Müller multiplicó sus peticiones y bombardeó el cielo rogando por el dinero que necesitaba. Durante este tiempo escribió: "Puesto que las dificultades son muchas y muy grandes, es necesario que muchas oraciones suban al trono de Dios antes de obtener una respuesta plena".[7]

Müller cumplió su parte ofreciendo miles de oraciones en el transcurso de varios años y Dios respondió enviando dinero de forma constante desde todos los lugares del mundo. Cuando llegó la última de las donaciones necesarias, Müller dio gracias diciendo: "Le he pedido al Señor miles de veces los recursos necesarios para construir estas dos casas y ya he recibido una respuesta total".[8] Piense en lo que Müller dijo. Así como en algún momento de su vida dio testimonio de haber recibido treinta mil respuestas definitivas a la oración exactamente *el mismo día en que oró*, pero cuando se presentaba la necesidad de hacer peticiones muy grandes, creía que entre más grande fuera esa necesidad, mayor era el número de oraciones que debía realizar para garantizar la respuesta. Si una petición suya no obtiene la respuesta, tenga la fe suficiente para hacer dos peticiones y si dos peticiones resultan insuficientes, haga cuatro. Si cuatro no funcionan, demuestre su confianza en Dios pidiéndole ocho veces. Es posible que la petición sea tan grande que requiera miles de oraciones antes de obtener la respuesta.

D. L. Moody agradeció al ministerio de Müller con relación a las peticiones persistentes y por esa razón escribió: "Algunas personas piensan que a Dios no le gusta que lo molestemos con nuestro constante venir a pedir; pero la única forma de molestar a Dios es cuando no venimos. Él nos motiva a presentarnos ante Él repetidamente y presionar por nuestras súplicas".[9]

¿Qué respuestas poderosas necesita usted? Presentarse ante Dios constantemente para que Él supla su necesidad no lo molesta en absoluto. De hecho, considere a la viuda que Lucas registra en los primeros ocho versículos de su capítulo dieciocho y note que ella recibió la respuesta *precisamente por* pedir de forma continua. El tiempo presente del verbo en Mateo 7:7 nos motiva a "*seguir* pidiendo" si tenemos la esperanza de recibir. Es muy probable que Dios quiera que usted *siga* pidiendo para ejercitar su fe y que ofrezca oraciones una y otra vez antes de darle una respuesta.

Use las peticiones perseverantes

¿Por qué cosas ha estado orando en las cuales Dios se haya demorado para responder? En lugar de hacer una oración diaria, ensaye elevar tres peticiones sinceras ante el Señor todos los días hasta que Él supla la necesidad o le quite la carga.

Retiros de oración – Jesús

Desarrollar un liderazgo de alto impacto puede parecer una terrible maldición después de cierto tiempo porque entre más éxito logramos, más responsabilidades se nos asignan, nos enfrentamos a expectativas más amplias y soportamos críticas más fuertes. Entre más efectivos nos volvemos, más cosas nos piden y más apretada su vuelve nuestra agenda. Usualmente el ritmo y las presiones de la obra son tan intensos que nos secamos y nos cansamos. Muchos líderes han renunciado a la obra, víctimas de su propio éxito... pero eso no sucedió con Jesús.

Después de que Jesús lanzó su ministerio itinerante, su fama creció; se multiplicaron las multitudes, el ritmo incrementó, crecieron las oportunidades y se intensificó la energía utilizada para la obra. La pregunta que vale la pena formularnos es cómo hizo Jesús para manejar la presión del ministerio de alto impacto que estaba realizando.

Lucas nos da la respuesta: "Más Jesús frecuentemente se apartaba a lugares desiertos, y oraba" (Lucas 5:16).

Nuestra naturaleza humana siempre se siente tentada a pasar menos tiempo en oración ante la presión o cuando se enfrenta a grandes bendiciones. Sin embargo, Jesús nos enseña que los líderes espirituales de alto impacto deben aprender que entre más grande sea la presión para reducir su tiempo de oración, mayor es la necesidad de intensificar su tiempo con Dios. El secreto de Jesús para mantener cargadas sus baterías espirituales, y lleno su tanque emocional, era pasar mucho tiempo a solas en oración en lugares aislados constantemente. Llevar vidas muy ocupadas, con horarios agitados y tener muchas actividades, es un estilo de liderazgo contrario al modelo que Jesús nos enseñó. La cita de Lucas 5:16 no es un accidente aislado. Lea los siguientes pasajes y observará que Jesús tenía el hábito de aislarse a lugares solitarios para dedicarse a la oración: Mateo 4:1-11; 14:13,23; 17:1-9; 26: 36-46; Marcos 1:35; 6:31; Lucas 6:12. Si Jesús sentía la necesidad de orar para aliviar la presión, ¿cuánto más deberíamos orar usted y yo? Si Jesús se retiró a lugares aislados para dedicarse a la oración, nosotros también deberíamos hacerlo.

Cómo hacer un retiro personal de oración

Los tiempos de retiro personal para dedicarme a la oración han sido un gran gozo y una gran ayuda en mi vida devocional. Me han ayudado a huir de las presiones del liderazgo y a encontrar la solución a asuntos complicados relacionados con el ministerio. Algunos de esos momentos en mi vida se han extendido durante muchas noches y en otras ocasiones duran solamente una tarde. Últimamente suelo hacerlo mientras conduzco en solitario durante horas cuando me dirijo a dar alguna conferencia.

Los beneficios de esos tiempos de retiro son muchos. Reduzco el estrés y vuelvo a poner las cosas en la perspectiva correcta al tiempo que vuelvo a llenar mi tanque espiritual. Mi alma genera una mayor capacidad para sentir a Dios y oír su voz, tanto durante el retiro, como en los días que le siguen. Siento que mi unción para ministrar se fortalece y fluye, pero lo más importante es que me hace estar mucho más preparado para enfrentarme a los retos que surgen en los días que vienen.

Permítame darle algunas sugerencias para que pase un tiempo de oración en un sitio aislado:

1. **Apártese de la rutina.** He tenido el privilegio de poder realizar muchos retiros personales de oración y le aseguro que jamás he lamentado ninguno de ellos. Cuando mi presupuesto económico estaba apretado, me quedaba en casa de mis padres mientras ellos salían de la ciudad. En otras ocasiones me he quedado en una cabaña en un bosque, en una casa católica de retiros dentro de la ciudad, en un dormitorio universitario en la época de verano o en el cuarto de un hotel. El retiro de oración puede durar tan

sólo unas cuantas horas o algunos días. El asunto clave es poder aislarse de las personas durante un tiempo de tal forma que podamos centrar nuestra atención en Dios.

2. **Empiece con la soledad y el descanso.** Dependiendo de la cantidad de tiempo que yo tenga, puedo pasar el primer período en absoluta soledad y silencio mientras ayuno. Si he estado muy ocupado y me siento agotado, suelo empezar con una buena siesta. Es sorprendente cuanto mejor se puede orar después de haber tomado un buen descanso.

3. **Cree espacios en su alma.** Al inicio de mi retiro de oración, trato de permanecer quieto y recordar que Él es Dios. A veces leo una buena porción de la Escritura, como por ejemplo los capítulos 40-66 de Isaías o en ocasiones leo lentamente una sección de una biografía que me desafíe o de otro libro. Generalmente, camino y disfruto la belleza de la naturaleza por algún tiempo. Mi objetivo primordial es sencillamente disponer mi alma y abrir un espacio para la presencia de Dios.

4. **Entre por sus puertas con gratitud y por sus atrios con alabanza.** Suelo utilizar mi diario para orar. Usualmente empiezo con adoración y alabanza y hago una lista de los asombrosos atributos o de los poderosos nombres de Dios. Después paso a dar gracias y enumero cientos de temas por los cuales me siento agradecido incluyendo las bendiciones materiales y físicas, las personas, los eventos, las oportunidades, las dificultades y las respuestas de oración.

5. **Confiese el pecado**. Le pido al Espíritu Santo que me revele los pecados que no he solucionado en mi vida. Usualmente Él trae a mi mente varios asuntos que no he confesado por las muchas ocupaciones de las semanas anteriores después usualmente me levanto y camino un

poco de tiempo. Cuando me vuelvo a sentar, el Espíritu de Dios usualmente profundiza un poco su acción en mi vida y me revela pecados ocultos en mi corazón y actitudes que se han acumulado a lo largo de los meses anteriores. Mientras pido y recibo el perdón, el gozo que experimento en mi alma suele ser muy intenso. Me siento profundamente limpio y mucho más cercano al Padre, que en otros momentos.

6. **Presente sus peticiones a Dios.** El último, y usualmente más largo de los períodos que paso en oración es el tiempo que le dedico a la súplica. Lo hago de diferentes formas. En ocasiones hago una lista y oro por decenas de personas o a veces el enfoque que tomo son las situaciones que se aproximan como los desafíos de liderazgo o las oportunidades ministeriales. A veces me concentro en orar al Padre de forma apasionada algunas de las promesas de la Biblia que me parecen relevantes a lo que estoy viviendo en mi vida en ese momento. Frecuentemente mi oración se dirige a varias de las grandes peticiones que en los años anteriores he sentido que debo hacerle a Dios. También le doy gracias al Señor por los avances que he logrado en esa dirección y sigo pidiendo, buscando y golpeando de forma muy insistente hasta obtener total respuesta. Para mí el tiempo que paso derramando mi corazón con intensidad delante de Dios usualmente se transforma en cantos personales, los cuales utilizo para hacer mis peticiones. (Si alguna vez me escuchara cantar, entendería la razón por la cual adopto esta práctica únicamente cuando estoy a solas).

7. **Reflexione y registre lo que Dios le diga.** Usualmente concluyo escribiendo los temas que al parecer Dios me esté diciendo en mi tiempo de retiro. Puede ser una frase, un versículo o una larga lista de cosas que debo recordar en las siguientes semanas.

Mensajes instantáneos u "oraciones como flechas" - Nehemías

Hay ocasiones en las que uno no puede pasar una hora, o un buen lapso de tiempo, incluso cinco minutos, en oración, porque sencillamente no cuenta con la oportunidad de aislarse para orar, sino que está en medio de alguna circunstancia y necesita ayuda en *ese* preciso momento. Lo único que puede hacer es lanzar silenciosamente hacia el cielo una oración que contiene una sola línea o incluso una palabra, como quien lanza una flecha. Podríamos llamar esta práctica un "mensaje instantáneo de oración"; y la verdad es que funciona; pregúntele a Nehemías.

En el año 445 a.C., Jerusalén fue sitiada por los persas. La ciudad que alguna vez fue un esplendor, ahora yacía en ruinas y en oprobio porque el muro protector que la rodeaba estaba destruido. En el mundo antiguo, una ciudad sin muros era peligrosamente vulnerable a los ladrones que la merodeaban y a los invasores militares. Nehemías, el copero del rey Artajerjes I de Persia, sufría en su corazón por la condición de Jerusalén y sentía la profunda necesidad de hacer algo al respecto. Entonces planeó ir ante el rey y pedirle permiso para retornar a Jerusalén y reconstruir el muro. Esa era una tarea muy osada porque si al temperamental rey no le gustaba la petición, podía incluso mandar a asesinar a Nehemías. Pero Nehemías sabía que tenía que hacer la petición. Observe lo que sucedió:

> *Sucedió en el mes de Nisán, en el año veinte del rey Artajerjes, que estando ya el vino delante de él, tomé el vino y lo serví al rey. Y como yo no había estado antes triste en su presencia, me dijo el rey: ¿Por qué está triste tu rostro? pues no estás enfermo. No es esto sino quebranto de corazón. Entonces temí en gran manera.*

> *Y dije al rey: Para siempre viva el rey. ¿Cómo no estará triste mi rostro, cuando la ciudad, casa de los sepulcros de mis padres, está desierta, y sus puertas consumidas por el fuego? Me dijo el rey: ¿Qué cosa pides?* Entonces oré al Dios de los cielos, *y dije al rey: Si le place al rey, y tu siervo ha hallado gracia delante de ti, envíame a Judá, a la ciudad de los sepulcros de mis padres, y la reedificaré.* (Nehemías 2:1-5)

"*Entonces oré al Dios de los cielos*". Nehemías estaba delante de la temida presencia del poderoso rey y es comprensible que se haya sentido atemorizado. Ahora el rey había hecho una pregunta que abría la puerta para la petición que debía hacer su copero; el destino de Nehemías estaba en la cuerda floja al igual que el de los judíos. Por eso rápida y silenciosamente Nehemías "oró al Dios de los cielos". No sabemos a ciencia cierta el contenido de su oración; quizá sólo dijo: "Ayúdame" o "Recuérdame" o "Dame éxito" o "Guía mis palabras" o "No permitas que me equivoque". Lo que sí sabemos es que lanzó una oración semejante a una flecha… y Dios respondió.

> *Entonces el rey me dijo (y la reina estaba sentada junto a él): ¿Cuánto durará tu viaje, y cuándo volverás? Y agradó al rey enviarme, después que yo le señalé tiempo. Además dije al rey: Si le place al rey, que se me den cartas para los gobernadores al otro lado del río, para que me franqueen el paso hasta que llegue a Judá; y carta para Asaf guarda del bosque del rey, para que me dé madera para enmaderar las puertas del palacio de la casa, y para el muro de la ciudad, y la casa en que yo estaré.* Y me lo concedió el rey, *según la benéfica mano de mi Dios sobre mí.* (Nehemías 2: 6-8).

Las oraciones de este tipo, son frases cortas y puntuales que se lanzan como flechas hacia el corazón de Dios. En la cita sobre Spurgeon que aparece al inicio de este capítulo, él las llama "chispas", "granadas de mano" y "dardos". Pueden ser peticiones ("ayúdame", "perdóname", "úsame", "recuérdame", "dame sabiduría", "dame fortaleza", "acompáñame"). Estas oraciones también pueden ser de intercesión ("Señor, ten misericordia de ellos","Protégelos","Dios, bendícelos"). Pueden también ser palabras de adoración y gratitud ("Gracias, Señor", "eres maravilloso, oh Dios", "oh Señor, te adoramos"). La efectividad de las oraciones concisas y simples como si fuesen una flecha, radica en el hecho de que haya habido largos períodos de oración previos en los que verdaderamente se haya impactado el corazón de Dios.

Orar las Escrituras -Martín Lutero

Cuando Peter Beskendorf, el barbero y buen amigo de Martín Lutero, le pidió un consejo práctico sobre la forma de prepararse para la oración, Lutero le respondió escribiendo un breve libro titulado *Una forma sencilla de orar, para un buen amigo.* Fue publicado por primera vez en la primavera de 1535. Después de casi quinientos años, su instrucción sigue ofreciéndonos palabras de alimento espiritual. Lutero aconsejó usar la oración del Señor, los Salmos, los diez mandamientos, y el credo de los apóstoles como modelos para guiar la estructura de nuestras oraciones y como una forma de conectar la enseñanza cristiana con nuestras disciplinas espirituales. Le recomendó orar línea por línea esas porciones. El gran reformador dijo: "No podría decir nada aquí sobre la fe y las Sagradas Escrituras en la oración porque no sería posible terminar de escribir sobre todas las cosas que se pueden decir en el momento de la oración. Con práctica uno pude tomar los diez mandamientos un día, un Salmo o un capítulo de las Sagradas Escrituras al día siguiente y usarlas como un pedernal y un hierro para encender una llama en el corazón".[10]

Lutero enseñó que el estudio bíblico es como una guirnalda de cuatro hebras entrelazadas. Cada una de esas hebras puede ser vista como una pregunta y un aspecto de la oración. Las cuatro preguntas son:

1. ¿Cuál es la enseñanza y el significado que este pasaje tiene para mí?
2. ¿Qué oración de gratitud me lleva a expresar?
3. ¿Qué lamento o confesión produce?
4. ¿Cuál es la petición de oración que genera?

Aplique las Escrituras

Lo desafío a tomar las porciones que Lutero sugiere u otras secciones como las bienaventuranzas o el Salmo 23. Léalas cuidadosamente y convierta cada frase en una o varias oraciones como si tuviese en su mano una guirnalda de oración.

Familiaridad franca -Billy Sunday y Moisés

Un observador describió las oraciones de Billy Sunday diciendo: "Habla con Jesús de una forma tan familiar como lo hace con sus compañeros".[11] William Ashley "Billy" Sunday (1862-1935) pasó de ser un famoso jugador de béisbol a ser un poderoso evangelista que todavía es recordado por su enérgico estilo de predicación y sus inmensas y exitosas campañas evangelísticas en todos los Estados Unidos. Durante su vida, Billy Sunday se dirigió a más de un millón de personas sin la ayuda de parlantes, televisión o radio. Sunday que jugaba como jardinero en la Liga Nacional de Béisbol de los Estados Unidos se convirtió a Cristo en 1880 y llegó a ser el evangelista americano más célebre y de mayor influencia durante las primeras dos décadas del siglo veinte. Un millón de personas respondieron a su invitación de aceptar a Cristo; es posible que haya predicado el evangelio de Jesucristo de forma personal a más personas que cualquier otro hombre de la historia hasta ese momento. Era un predicador enérgico, apasionado, osado, vibrante y fuerte que cautivaba a sus audiencias. Apoyaba firmemente la ley seca y jugó un papel significativo en la adopción de la Enmienda 18 a la constitución de los Estados Unidos que se refiere precisamente a ese tema.

Contrario a lo establecido por el acartonado formalismo que el establecimiento religioso de su época enseñaba, Sunday le hacía al Señor peticiones directas y semejantes a las que haría un niño tanto en la privacidad de su cuarto *como* desde la plataforma en la que predicaba sus cruzadas. Ya que había sido un jugador de béisbol, sus oraciones estaban llenas de figuras coloquiales comunes en el lenguaje oral. Lea la inconvencional y osada franqueza que aparece en las siguientes oraciones hechas por él:

> Oh Dios, ayuda a este viejo mundo. Haz que los hombres que han sido borrachos se conviertan en mejores hombres; haz que los hombres que golpean a sus mujeres y maldicen a sus hijos vengan a Jesús; haz que los niños que han tenido temor al escuchar las pisadas de sus padres se regocijen al ver que sus padres llegan a sus hogares; alienta a la iglesia para que ayude con la obra.[12]
>
> Oh Señor, hay muchas personas que entran al juego y no logran avanzar porque quedan ponchados.[13]
>
> Señor, algunos mueren en segunda y tercera base y no queremos que eso suceda.[14]

Familiaridad honesta, 1.450 a.C.

Ciertamente Billy Sunday no fue la primera persona que le habló al Señor con una familiaridad tan directa. Muchos milenios atrás Moisés, el ejemplar gigante espiritual, levantó "una tienda" a la cual iba todos los días a reunirse con el Señor. La presencia de Dios allá era tan densa y obvia que se hacía visible en una nube que descendía y se posaba a la entrada cuando Moisés ingresaba a ella. Moisés le llamó a ese lugar el Tabernáculo de Reunión. Me habría gustado ser un insecto y posarme en las paredes de esa tienda para haber visto y oído lo que ocurría en ese lugar. La Escritura nos permite darle un muy breve vistazo al interior de la tienda y para sorpresa de todos revela una conversación franca y familiar entre Dios y el hombre. "Hablaba Jehová a Moisés cara a cara, como habla cualquiera a su compañero". (Éxodo 33:11)

Apliquemos la familiaridad honesta

En su sentido más puro, la oración es simplemente el acto de hablar con Dios. Practique orar en voz alta y hable de forma consciente con el Señor como si hablara con un amigo porque, al fin y al cabo, eso es lo que está sucediendo.

Reuniones de grupos de oración -Henrietta Mears

Ya hemos hablado sobre la increíble y efectiva profesora Henrietta Mears. Como directora educativa de la iglesia presbiteriana de Hollywood ubicada en California, lideró estudios bíblicos legendarios en sus clases de escuela dominical para universitarios y en sus reuniones realizadas entre semana. Las multitudes que asistían eran inmensas y entusiastas; muchas personas eran salvas y vidas transformadas. ¿Qué podemos aprender del éxito de esta mujer?

Los domingos en la mañana, su inmenso departamento universitario tenía una sección de oración de media hora que ella conducía antes de cada reunión.[15] Los miércoles por la noche, los líderes se reunían con ella media hora antes de iniciar el estudio bíblico para postrarse de rodillas, confesar sus debilidades y rogar al Espíritu Santo que les diera poder. Oraban para que los visitantes aceptaran a Cristo y por el mover de la presencia de Dios. Uno de sus biógrafos anotó: "La profesora siempre estaba allá y la mayor efectividad de su ministerio se generaba en todos esos momentos de oración".[16]

Oraciones para escuchar y contrabandear -Hermano Andrés

Andy van der Bijl (1928) fue uno de los seis hijos que le nacieron a un pobre herrero sordo en Holanda. Aunque tenía muy poco entrenamiento, contaba con una profunda pasión de ser usado por el Señor como misionero. Es más conocido como el "hermano Andrés" y es famoso porque entraba Biblias de contrabando en los países comunistas durante la guerra fría. En su escuela de entrenamiento misionero, aprendió el valor de los tiempos a solas y convirtió en una práctica diaria el pasar tiempo con el Señor todas las mañanas leyendo la Biblia y orando. Oraba de forma diligente para obtener una visa para ir a Yugoslavia pero no había tenido éxito. Su biógrafo escribió: "Una mañana escuchó una voz que le dijo: 'Hoy vas a obtener una visa para Yugoslavia'".[17] Hacia el final del día, había obtenido no sólo la difícil visa para entrar, sino también un nuevo automóvil.

Luego de conducir por toda Europa hasta Yugoslavia, Andy llegó a la prohibida frontera. Allí elevó al Señor la que después denominó "La oración de los contrabandistas"; "Señor, en mi equipaje tengo Escrituras que quiero llevarles a tus hijos al otro lado de esta frontera. Cuando estuviste en esta tierra, hiciste que los ojos de los ciegos vieran. Ahora, oro para que enceguezcas los ojos de aquellos que ven. No permitas que los guardias vean las cosas que no quieres que ellos vean".[18] Asombrosamente, cuando los guardias revisaron su equipaje, no notaron la literatura religiosa que se encontraba esparcida en medio de camisas dobladas y de otra ropa. Después de eso repitió la misma oración una y otra vez y este "contrabandista de Dios" recibió la misma respuesta para poder entrar de forma ilegal Biblias en Hungría, Alemania Oriental, Rumania, Bulgaria, Rusia, China, Turquía y Arabia Saudita.

Caminatas de oración -Abraham y Josué

Cuando Dios le dio a Abraham la promesa de otorgarle la tierra prometida, también le entregó un mandamiento intrigante: "Levántate, ve por la tierra a lo largo de ella y a su ancho; porque a ti la daré". (Génesis 13:17). Pasos de fe serían en últimas la clave para asegurar la tierra. Cuando Josué tomó las riendas de mano de Moisés, asumió la tarea de conducir el pueblo a la tierra prometida y conquistarla. Puesto que el Señor sabía cuán temeroso se sentía Josué de realizar una obra tan colosal, le concedió muchas promesas maravillosas; una de las cuales ya había sido concedida a Moisés: "Todo lugar que pisare la planta de vuestro pie será vuestro". (Deuteronomio 11:24; vea también Josué 1:3). Josué comenzó a experimentar el poder de esta promesa cuando guió al pueblo a seguir a los sacerdotes, mientras ellos daban pasos en el caudaloso río Jordán por fe, *antes* de que este se abriera para que ellos lo cruzaran. Cuando los sacerdotes dieron el paso de fe, las aguas se dividieron y tanto ellos como los demás israelitas pasaron por tierra seca (Josué 3:15-17). Después Josué tuvo un encuentro con el comandante en jefe del ejército del Señor, Jesucristo. Jesús lo dirigió a quitarse "el calzado de sus pies, porque el lugar donde estaba era santo" (Josué 5:15). Luego, Josué vio la promesa cumplida una vez más, de una forma diferente cuando se enfrentó a la tarea de conquistar a Jericó. Esta ciudad que estaba ubicada cerca al Jordán era la clave para conquistar la tierra prometida. Dios quería destruirla porque era la ciudad de adoración de la luna.

Pero eso representaba un problema porque los muros que rodeaban la impenetrable ciudad eran tan gruesos que se decía que era posible conducir una carroza sobre ellos. No había ejército en la tierra que pudiera tener la esperanza de atacar a Jericó y triunfar. Por ende, el Señor le entregó a Josué un plan de batalla único. Debía tomar el arca del pacto y hacer que su ejército marchara detrás de ella alrededor de la ciudad una vez al día durante seis días, mientras los sacerdotes tocaban sus trompetas. El séptimo día, debían marchar siete veces, y la última vez el pueblo debía gritar para obtener la victoria. Cuando lo hicieron, los muros cayeron. Jericó fue entonces tomada y destruida por completo. (Josué 6:20,21). Una vez más la fe para obedecer al Señor fue recompensada. Desde los días de Josué, los líderes cristianos han conducido al pueblo a dar pasos de fe. A lo largo de los años ha sido común que algunos pastores guíen la gente literalmente a caminar alrededor de alguna propiedad clamándola para el Señor como el lugar en el que se construirá un nuevo templo para la iglesia. Otros han orado sentados en cada una de las sillas que hay el templo pidiéndole a Dios que llene esos espacios y toque a cada una de las personas que se sentarán allí los domingos. En los últimos días algunos han adoptado los principios usados por Josué como medio de evangelismo y guerra espiritual; lo llaman caminata de oración. Esta práctica ha sido definida como una oración con proyección. Bien sea que se realice de forma individual o grupal, esta forma de orar caminando es una forma de intercesión que conduce al intercesor a la batalla.

Cómo terminar con la opresión demoniaca

Hace muchos años, John Dawson, quien es actualmente el presidente internacional de Juventud con una Misión, se mudó a un vecindario lleno de pandillas en un barrio al interior de la ciudad de los Ángeles. Movilizó su equipo a utilizar la caminata de oración como medio para hacer su ministerio:

Hace varios años mi grupo de trabajo y yo hicimos una caminata de oración por nuestro vecindario. Nos paramos al frente de cada casa, reprendimos la obra de Satanás en el nombre de Jesús y oramos para que la revelación del Señor se manifestara en la vida de cada uno de los miembros de las familias que habitaban en esos hogares. Todavía estamos orando porque tenemos mucho camino por recorrer pero la transformación económica y espiritual es evidente. En ocasiones la opresión demoníaca llegó a tal punto que sentí que prácticamente aplastaba mi alma. Recibí una amenaza de muerte. Destrozaron las llantas de mi automóvil y me sentía deprimido al ver casas hechas con simples tablas, jóvenes desempleados y familias destruidas, pero estaba decidido a no huir. En la actualidad hay por lo menos nueve familias cristianas en la cuadra donde vivo y existe una sensación definitiva de paz del Señor. El vecindario ya no está desintegrado; las personas están renovando sus casas y se está estableciendo un sentido de comunidad alrededor de las familias cristianas.[19]

Impacto en una ciudad

Cuando fui pastor, vi un cambio definitivo en el clima espiritual de nuestra ciudad después de que empezamos a instituir varias formas de caminatas de oración. En primer lugar, empecé a conducir alrededor del perímetro urbano varias noches a la semana reclamando la ciudad para Dios. Pasaba frente a las iglesias en mi automóvil y oraba por los pastores, después pasaba frente a las escuelas y oraba por los maestros y los estudiantes. En segundo lugar, organicé a los pastores cristianos en nuestro pueblo para orar en las iglesias de todos, una vez al mes. Cuando empecé sólo había tres pastores conmigo pero al paso de unos años Dios había sacado de las iglesias a los pastores de la teología liberal y a los que estaban fríos espiritualmente. Asombrosamente el Señor trajo doce pastores que nos reuníamos fielmente todos los meses para orar por un avivamiento en nuestro pueblo. Unos cuantos años más tarde esos pastores trabajaban juntos para entregar un video de la película *Jesús* en cada uno de los hogares. Llevamos el evangelio a ocho mil hogares que reunían a más de treinta y seis mil personas en un solo día. El equipo de investigación *Barna* le hizo seguimiento a nuestra labor y descubrió que más de seiscientas personas habían recibido a Cristo como resultado de ese trabajo.

En tercer lugar, usé el bus de nuestra iglesia, una vez al mes, para orar en los parqueaderos de cada iglesia, colegio y bar de nuestro pueblo. Cuando empezamos a realizar nuestras jornadas nocturnas de conducción para orar, las escuelas estaban en una terrible condición. El nuevo superintendente, entre otras cosas, había estado empleando de forma agresiva a muchas lesbianas para que asumieran todos los trabajos que estuvieran disponibles como profesoras y rectoras. Una noche de Halloween, un grupo de casi cuarenta personas fuimos en el bus de nuestra iglesia, alzamos nuestras manos y empezamos a orar frente al edificio del internado escolar. Oramos fervientemente para que Dios cambiara al superintendente de una y otra forma y le pedimos que nos concediera un superintendente piadoso. No lo sabíamos, pero en ese preciso momento la junta del colegio estaba reunida para discutir todos los problemas relacionados con ese superintendente. Al día siguiente descubrí que en el mismo instante en que estábamos orando afuera del edificio, al interior del mismo los miembros de la junta escolar estaban votando para despedirlo y contratar a otro. Unos cuantos meses después lo reemplazaron por un cristiano piadoso que servía como anciano en su iglesia.

Impacto en el vecindario

Sally, una de las líderes de nuestro pequeño grupo, hacía una caminata de oración alrededor de su barrio todos los días, intercediendo por la salvación de cada familia. También les servía a sus vecinos y se interesaba genuinamente en los niños. Como resultado logró un impacto espiritual en ellos. Un día preguntó si podía usar uno de los grandes salones de la iglesia después del servicio de adoración de la siguiente semana. Cuando le preguntamos por qué, replicó: "Cerca de una docena de mis vecinos y sus niños se van a bautizar aquí la próxima semana. Queremos realizar una celebración de bautismos".

Consejo

1. ***Mantenga un perfil bajo***. El objetivo de las caminatas de oración no es llamar la atención. Los amigos o las familias pueden caminar de dos en dos a lo largo de sus vecindarios, escuelas o lugares de trabajo, orando mientras caminan. La idea es entrar en escena sin hacer una escena.

2. ***Ore las promesas de Dios*** teniendo en mente hogares específicos, escuelas, iglesias o sitios de trabajo.

3. ***Esfuércese por ver*** a las personas, los vecindarios, las iglesias y las escuelas como Dios las ve.

4. ***Comprenda que su ministerio*** puede ser como el de Juan el Bautista, que prepare el camino para futuros ministerios. Sus oraciones pueden ser lo que se necesita para suavizar los corazones y prepararlos para recibir el evangelio.

Guía De Aplicación

¿Cuáles son las dos o tres ideas principales que desea recordar de este capítulo?

1. ____

2. ____

3. ____

¿Cuáles de los hábitos aquí presentados necesita usted adoptar en su vida de oración?

¿Cómo planea aplicarlos?

CAPÍTULO 10

UNAMOS LAS PIEZAS

Al estudiar estos nueve secretos de una vida de oración efectiva, fui más desafiado de lo que esperaba. Leer las historias y considerar las citas de toda esta amplia variedad de líderes, me ha motivado a mejorar mi vida de oración.

Ahora sólo restan unas preguntas:

1. ¿Cuáles son las grandes verdades que Dios quería que yo aprendiera?
2. ¿Cuáles son las principales áreas en las que Dios quiere que me enfoque ahora?
3. ¿Qué voy a hacer ahora que las conozco?
4. ¿Qué pasos específicos debo dar para aplicar las verdades que he aprendido?

La inspiración y la información sin aplicación, conducen a la frustración. Probablemente este capítulo es el más importante del libro porque le ayudará a aplicar en su vida todo lo que ha aprendido.

Lecciones de una vida de oración

Vuelva a mirar la sección de aplicación que se encuentra al final de cada capítulo del libro. Lea lo que escribió debajo de la pregunta: ¿Cuáles son las dos o tres ideas claves que quiere recordar de cada capítulo?

Ahora enumere las dos o tres ideas más impactantes para su vida después de haber leído todo el libro.

1.

2.

3.

Inventario de mi vida de oración

Responda a cada aseveración de la forma más honesta posible.

Capítulo uno

1. Creo firmemente que la oración marca la diferencia en mí y en el mundo que me rodea. Si__No__
2. He visto a Dios responder mis oraciones en el pasado y creo que quiere hacer mucho más en mi vida en el futuro. Si__No__

Capítulo dos

3. Paso suficiente tiempo en oración todos los días. Si__No__
4. La cantidad de tiempo que usualmente paso en oración a diario es ________________

5. Poseo y mantengo un tiempo de oración diario de forma consistente. Si__No__

6. La cantidad de tiempo que paso en oración es la adecuada. Si__No__

7. Poseo y mantengo varios momentos de oración al día. Si__No__

8. La cantidad de tiempo que paso en esos momentos de oración es la adecuada. Si__No__

9. Cuento con buenos lugares en los que oro de forma regular. Si__No__

Capítulo tres

10. Paso suficiente tiempo orando por otros, todos los días. Si__No__

11. Cuando oro por otros, hago más que recitar unas cuantas ideas; usualmente soy conmovido al punto de llegar a llorar. Si__No__

Capítulo cuatro

12. He reunido varias personas para que oren por mí constantemente. Si__No__

13. Usualmente mantengo a esas personas informadas sobre mis necesidades de oración. Si__No__

14. Cuento por lo menos con una persona con la cual oro varios días a la semana. Si__No__

Capítulo cinco

15. Le presento ante al Señor todas mis necesidades diariamente. Si__No__

16. Usualmente convierto mis preocupaciones en oraciones. Si__No__

Capítulo seis

17. En el pasado me he abstenido del alimento por razones espirituales durante por lo menos un periodo de veinticuatro horas. Si__No__

18. Ayuno por razones espirituales constantemente. Si__No__

19. En el pasado he logrado un ayuno prolongado de por lo menos tres días. Si__No__

Capítulo siete

20. Mis oraciones se caracterizan por la fe y el atrevimiento. Si__No__

21. Al orar le digo a Dios las promesas que hay en su Palabra. Si__No__

22. Le presento a Dios peticiones de oración muy específicas con osadía. Si__No__

23. Honro al Señor pidiéndole cosas grandes que sólo Él puede hacer. Si__No__

Capítulo ocho

24. Tengo un buen plan de oración que, de alguna forma, incluye los elementos de adoración, confesión, acción de gracias y súplica. Si__No__

25. Usualmente elevo a Dios palabras de adoración. Si__No__

26. Confieso mis pecados constantemente. Si__No__

27. Usualmente le doy gracias al Señor porque Él es bueno y su amor es para siempre. Si__No__

28. Tengo una lista de las cosas por las cuales estoy orando. Si__No__

Capítulo nueve

29. Oro a lo largo del día y no solamente en momentos fijos de oración. Si__No__

30. Cuando creo que Dios quiere responder una petición, sigo orando por esa petición una y otra vez, día tras día, hasta ver la respuesta. Si__No__

31. Usualmente hago oraciones cortas al Señor. Si__No__

32. Usualmente oro las Escrituras. Si__No__

33. Usualmente hago algún tipo de retiro de oración. Si__No__

34. Puedo ser descrito como alguien que habla con el Señor de forma franca como hablar con un amigo. Si__No__

35. Me reúno con mis líderes para orar por lo menos una vez a la semana. Si__No__

36. He podido integrar a mi ministerio de oración la práctica de orar mientras camino. Si__No__

Evaluación de la vida de oración

Lea una vez más sus respuestas al inventario de su vida de oración. Señale aquellas en las que su respuesta fue negativa. Por ejemplo, al revisar mi inventario me di cuenta que mis respuestas a las preguntas 18 y 23 no me satisfacían y me di cuenta que necesitaba ayunar y orar con mayor fidelidad porque si la iglesia inicial pudo hacerlo dos veces a la semana, yo podía hacerlo por lo menos una vez a la semana. También decidí realizar un ayuno de tres días en varias ocasiones durante los próximos dos meses, combinando eso con peticiones osadas al Señor por cosas grandes.

Cuando usted revise cada una de sus respuestas negativas en oración, seleccione unas cuantas áreas en las cuales tiene la certeza de que el Señor quiere que usted haga ajustes. A continuación escriba esas áreas que necesitan cambios:

1.

2.

3.

4.

Aplicación para su vida de oración

Al mirar una vez más las áreas que necesita cambiar, haga una lluvia de ideas, en oración, sobre aplicaciones específicas que puede realizar.

Por ejemplo: al hacer el inventario, me di cuenta de que me había alejado de la práctica de tener un compañero de oración (pregunta 14). Entonces mi aplicación es empezar a orar con mi hijo mayor; lo hacíamos por teléfono varias noches a la semana. Lo he estado haciendo durante las últimas semanas y ha sido algo muy bueno para los dos.

Escriba las aplicaciones específicas que planea realizar para cada área:

1.

2.

3.

4.

Meta de una vida de oración

Siempre he pensado que vale la pena leer un libro si me aporta una gran idea, una gran cita o una lección que pueda recordar por el resto de mi vida; o si me provee una idea excepcionalmente buena que pudiera aplicar cada día. Espero que este libro haya hecho esas dos cosas por usted.

Si tuviera que resumir en una oración esa gran idea, esa gran cita; esa lección de vida, esa idea maravillosa que obtuvo al leer este libro, ¿qué oración escribiría? Escríbala a continuación:

Pídale a Dios que le ayude a recordar y aplicar lo que acaba de escribir; pídale que cambie su vida y su liderazgo a través de ella.

Apéndice

Líderes espirituales referenciados

Sólo Dios puede juzgar la verdadera grandeza de un líder. Para realizar este libro, traté de estudiar muchos de los nombres más conocidos tanto en la Biblia como en la historia de la iglesia. De todos, los que escogí, ejercieron un claro y profundo impacto espiritual. Pertenecían a una variedad de posiciones de liderazgo incluyendo misiones, pastorado, educación y ministerios pro-eclesiales; representan todo el espectro de pensamiento teológico entre los evangélicos.

Las citas y anécdotas provinieron de aquellos sobre los cuales pude encontrar evidencia de información precisa de sus vidas de oración. Algunos de los que aparecen, condujeron obras absolutamente inmensas, mientras que otros dirigieron ministerios más pequeños; pero todos marcaron una diferencia en el plano espiritual. Observe que mi lista realmente no es exhaustiva. Soy plenamente consciente de que hay muchos más grandes líderes de otros países y culturas pero no pude acceder a información sobre su área de oración, durante el tiempo de escribirlo. Por eso, aunque reconozco que hay muchos otros grandes líderes espirituales que podría haber estudiado para incluirlos, me siento satisfecho con la profundización que realicé, porque es lo suficientemente grande como para proveernos una perspectiva sobre la oración y las disciplinas que todos podemos usar para llegar a ser líderes espirituales más efectivos.

A continuación he hecho una lista de los líderes referenciados, en orden alfabético.

Tomados de la Biblia

1. Abraham
2. Asa
3. Daniel
4. David
5. Elías
6. Gedeón
7. Ezequías
8. Josafat
9. Jesús
10. Juan
11. Moisés
12. Nehemías
13. Pablo
14. Pedro
15. Samuel
16. Salomón

Líderes de todos los tiempos, que no están en la Biblia, pero han hecho historia:

17. Agustín de Hipona
18. Henry Blackaby
19. Richard Blackaby

20. William Booth
21. E. M. Bounds
22. Bill Bright
23. Juan Bunyan
24. Juan Calvino
25. Amy Carmichael
26. Paul Y. Cho
27. Juan Crisóstomo
28. John Dawson
29. Wesley Duewel
30. Dick Eastman
31. Jonathan Edwards
32. LeRoy Eims
33. Jim Elliot
34. Jerry Falwell
35. Charles Finney
36. Ronnie Floyd
37. George Fox
38. Billy Graham
39. Jack Hayford
40. Juan Hus
41. Bill Hybels
42. John Hyde
43. David Jeremiah
44. Adoniram Judson
45. Juan Knox
46. C. S. Lewis
47. H. B. London
48. Max Lucado

49. Martín Lutero
50. John Maxwell
51. Joe McKeever
52. Henrietta Mears
53. D. L. Moody
54. George Müller
55. Andrew Murray
56. Bob Pierce
57. Leonard Ravenhill
58. John R. Rice
59. J. O. Sanders
60. Edith Schaeffer
61. Francis Schaeffer
62. Chuck Smith
63. Charles H. Spurgeon
64. Billy Sunday
65. Charles Swindoll
66. Hudson Taylor
67. Corrie ten Boom
68. Tertuliano
69. R. A. Torrey
70. Elmer Towns
71. A. W. Tozer
72. Dawson Trotman
73. Andy van der Bijl, o "Hermano Andrés"
74. Carlos Wesley
75. Juan Wesley
76. Susanna Wesley
77. Warren Wiersbe

Notas

Introducción

1. J. O. Sanders, *Spiritual Leadership –Liderazgo Espiritual-* (Chicago: Moody, 1974), 82.
2. Ibid.
3. Ibid. 84.
4. Henry y Richard Blackaby, *Spiritual Leadership - Liderazgo Espiritual-* (Nashville: B&H Publishing Group, 2001), 151.
5. Peter Wagner, citado en George Barna, ed., *Leaders on Leadership – Líderes y Liderazgo-* (Ventura, CA: Regal Books, 1997), 282, 295.
6. Charles Swindoll, *Pásame otro ladrillo* (Nashville: Thomas Nelson, 1978), 37.
7. Wesley Duewel, *Ablaze For God –Apasionado por Dios-* (Grand Rapids, MI: Zondervan, 1989), 217.
8. Ibid. 214.
9. Andrew Murray, *With Christ in the School of Prayer -Con Cristo en la Escuela de la Oración-* (Grand Rapids, MI: Zondervan, 1983), xii.
10. J. C. Ryle, *A Call to Prayer –Un Llamado a la Oración-* (Grand Rapids, MI: Baker Book House, 1976), 14-15.
11. Citado en Duewel, 211.
12. E. M. Bounds, *Prayer and Praying Men –La Oración y los Hombres que Oran-* (Grand Rapids, MI: Baker, 1997), 13, 24.
13. Sanders, 84.
14. Para ver una lista completa de los líderes que forman parte de este estudio, por favor remítase al apéndice.

Capítulo Uno

1. William Brehm, *Why Should We Pray?* Be Ready! http:/ / www.beready.org/whypray.html.
2. "Estadísticas Sobre los Pastores," Maranathalife.com, http:/ / www.maranathalife.com/lifeline/stats.htm.

3. "El estudio muestra que solo el 16% de los ministros protestantes se sienten muy satisfechos con sus vidas personales de oración," Ellison Research, http:/ /www.ellisonresearch.com/ERPS%20II/release_16_prayer.htm.
4. Win Arn, *The Pastor's Manual for Effective Ministry –El Manual del Pastor para un Ministerio Efectivo-* (Monrovia, CA: Church Growth, 1988), 41.
5. Andrew Murray, *the Prayer Life –La Vida de Oración-* (Springdale, PA: Whitaker House, 1981), 8.
6. Joel Comiskey, *Home Group Cell Explosion –La Explosión de los Grupos Celulares en las Casas-* (Houston: Touch Publications, 1998), 34.
7. Blackabys, 151.
8. Charles Spurgeon, *Twelve Sermons on Prayer –Doce Sermones Sobre la Oración-* (Grand Rapids, MI: Baker Book House, 1971), 31.
9. R. A. Torrey, *The Power of Prayer –El Poder de la Oración-* (Grand Rapids, MI: Zondervan, 1924), 17.
10. Hudson Taylor, citado en Sanders, 82.
11. Leonard Ravenhill, *Why Revival Tarries - -¿Por qué el Avivamiento se demora?-* (Minneapolis: Bethany House, 1979), 153.
12. Juan Crisóstomo, citado en Ravenhill, 153.
13. Martín Lutero, citado en Sanders, 76.
14. S. D. Gordon, *Quiet Talks on Prayer* -Charlas Tranquilas Sobre la Oración- (Grand Rapids, MI: Baker Book House, reimpreso en 1980), 15.
15. Wesley Duewel, *Touch the World through Prayer -Toque el Mundo por Medio de la Oración-* (Grand Rapids, MI: Zondervan, 1986), 11.
16. Juan Wesley y Juan Calvino, citado por Peter Wagner en *Prayer Shield -Escudo de Oración-* (Ventura, CA: Regal Books, 1992), 29.
17. Billy Graham citado por Cort Flint, ed., *The Quotable Billy Graham -Citas Tomadas de la Vida de Billy Graham-* (Anderson, SC: Droke House, 1966), 154.
18. Richard Foster, *Prayer: Finding the Heart's True Home –La Oración: Cómo Encontrar el Verdadero Lugar del Corazón-* (San Francisco: Harper San Francisco, 1992), xxx.
19. LeRoy Eims, *Be the Leader You Were Meant to Be –Conviértase en el Líder que ha Sido Llamado a Ser-* (Carol Stream, IL: Victor Books, 1975), 19.

20. Jack Hayford, *Prayer Is Invading the Impossible –La Oración está Logrando lo Imposible-* (Orlando, FL: Bridge-Logos Publishers, 2002), xxx.
21. E. M. Bounds, *the Weapon of Prayer –El Arma de la Oración-* (Grand Rapids, MI: Baker Book House, 1931), xxx.
22. David Jeremiah, *Prayer: The Great Adventure –La Oración: La Gran Aventura-* (Sisters, OR: Multnomah Publishers, 1997), 40-41.
23. Billy Graham, citado en Flint, 153.
24. Gordon, 31-38.
25. Chuck Smith, *Effective Prayer Life,* Calvary Chapel, http:/ / www3.calvarychapel.com/library/smith-chuck/books/epl.htm.
26. Dick Eastman, *Love on Its Knees –Amor de Rodillas-* (Tarrytown, NY: Fleming Revell, 1989), 65.
27. Duewel, *Touch the World –Toque el Mundo-*, 206.
28. Joe McKeever, "What Pastors Need #3: A Good Prayer Life," Joe McKeever.com,August 31, 2004, http:/ /www.joemckeever.com/mt/ archives/000065.html.
29. Wagner, 64.
30. "Estadísticas sobre Pastores," Maranathalife.com, http:/ / www.maranathalife.com/lifeline/stats.htm.
31. Kevin Miller, "10 Telling Statistics about Pastors: Research on money, sex, and power," July 12, 2000, christianitytoday.com, http:/ / www.christiantytoday.com/leaders/newsletter/cln00712.html.
32. Duewel, *Touch the World –Toque el Mundo-*, 216.

Capítulo Dos

1. Gordon, 211.
2. Ibid. 209.
3. E. M. Bounds, *The Reality of Prayer –La Realidad de la Oración-* (Grand Rapids, MI: Baker Book House, 1978), 69, 73.
4. Martín Lutero, citado en E. M. Bounds, *Power through Prayer –Poder por Medio de la Oración-* (Grand Rapids, MI: Zondervan, 1962), 37, énfasis añadido.
5. Howard y Geraldine Taylor, *Hudson Taylor's Spiritual Secret, -El Secreto Espiritual de Hudson Taylor-* (Chicago: Moody Press, 1932), 235.
6. Ibid. 236.

7. Betty Lee Skinner, *Daws: The Story of Dawson Trotman, Founder of the Navigators -Daws: La Historia de Dawson Trotman, Fundador de los Navegantes-* (Grand Rapids, MI: Zondervan, 1974), 53.
8. Bounds, *Power through Prayer, -Poder por Medio de la Oración-* 42.
9. Peter Wagner, *Churches That Pray –Iglesias que Oran-* (Ventura, CA: Regal Books, 1993), 25.
10. Paul Y. Cho, *Prayer: Key to Revival –La Oración: La Clave del Avivamiento-* (Waco, TX: Word Books, 1984), 18.
11. Bill Hybels, *Too Busy Not to Pray –Demasiado Ocupado como para no Orar-* (Downers Grove, IL: InterVarsity Press, 1988), 9.
12. Ibid. 10.
13. Cho, xxx.
14. Basil Miller, *George Muller: Man of Faith and Miracles –George Muller: Un Hombre de Fe y Milagros-* (Minneapolis: Bethany Fellowship, 1941), 49.
15. Charles Spurgeon, "Pray Without Ceasing," –Orad Sin Cesar- Púlpito del Tabernáculo Metropolitano, Un Sermón Predicado el Día del Señor, Marzo 10, 1872, http:/ /www.spurgeon.org/sermons/1039.htm.
16. Juan Bunyan, *Christian History Institute Presents Glimpses #202: Juan Bunyan: A Mender of Pilgrim Souls* © 2007, http:/ /chi.gospelcom.net/ GLIMPSEF/Glimpses2/glimpses202.shtml.
17. Martín Lutero, *A Simple Way to Pray –Un Camino Sencillo hacia la Oración-* (Louisville: Westminster Knox Press, 2000), 193.
18. Jerry Strober and Ruth Tomczak, *Jerry Falwell: Aflame for God –Una Llama para Dios-* (Nashville, TN: Thomas Nelson, 1979), 25-26.
19. Epifanio citado en Paul Bradshaw, *Daily Prayer in the Early Church –La Oración Diaria en la Iglesia Primitiva-* (New York: Oxford University Press, 1982), 9.
20. Tertuliano, *De Oratione,* xxiii, xxv, in P.L., I 1191-93.
21. Hipolito, *Apostolic Tradition –Tradición Apostólica-* citado en Boniface Ramsey, *Beginning to Read the Fathers –Empezando a Leer a los Padres-* (Mahwah, NJ: Paulist Press, 1985), 165-66.
22. Adoniram Judson, citado en Bounds, *Power through Prayer –Poder por Medio de la Oración-*, 40.
23. Hybels, 41.
24. Andrew Murray, *With Christ in the School of Prayer –Con Cristo en la Escuela de la Oración-* (Grand Rapids, MI: Zondervan, 1983), 11-12.

25. Andrew Murray, *The Prayer Life –La Vida de Oración-* (Springdale, PA: Whitaker House, 1981), 97.
26. E. M. Bounds, *Preacher and Prayer -El predicador y la Oración-* (Grand Rapids, MI: Zondervan, 1982), 36.

Capítulo Tres

1. Dick Eastman, *No Easy Road –Un Camino Difícil-* (Grand Rapids, MI: Baker Book House, 1971), 58.
2. Ibid. 57.
3. Wagner, *Prayer Shield - Escudo de Oración -*, 26.
4. Wesley Duewel, *Mighty Prevailing Prayer –Oración Poderosa que Prevalece-*(Grand Rapids, MI: Zondervan, 1990), 22.
5. Bounds, *Power through Prayer –Poder por Medio de la Oración-*, 27.
6. Gordon, xxx.
7. Eastman, *Love on Its Knees –Amor de Rodillas-*, 56.
8. Ibid. 17.
9. Wesley Duewel, *Revival Fires –El Fuego del Avivamiento-* (Grand Rapids, MI: Zondervan, 1995), 342-45.
10. Francis McGraw, *Praying Hyde –Hyde el Hombre de Oración-* (Minneapolis: Bethany Fellowship, 1970), 16.
11. Kenneth Boa, "The Heart of God," World Vision Resources, http:/ / www.worldvisionresources.com/product_info.php?products_id=289.
12. Duewel, *Ablaze for God –Apasionado por Dios-*, 243.
13. Historia narrada por H. Begbie en "The Life of General William Booth," como aparece registrada en http://www.jesus-is-savior.com/Great%20Men%20of%20God/general_william_booth.htm.
14. Roger Steer, "Pushing Inward," Christian History and Biography, October 1, 1996 (http://www.ctlibrary,com/ch/1996/Issue52/52h10a.html).
15. D. L. Moody, *Prevailing Prayer –La Oración que Prevalece-* (Chicago: Moody Press, 1987), 100-101.
16. Basil Miller, 146.
17. Ibid.
18. Adaptado de Greg Frizzell, *How to Develop a Powerful Prayer Life - Cómo Desarrollar una Poderosa Vida de Oración-* (Memphis, TN: Master Design Ministries, 1999), 83.

Capítulo Cuatro

1. Esta historia verdadera está adaptada de Dave Earley, *Prayer Odyssey -La Odisea de la Oración-* (Shippensburg, PA: Destiny-Image, 2003), 107.
2. Matthew Spinka, *Juan Hus at the Council of Constance -Juan Hus en el Concilio de Constancia-* (New York: Columbia University Press, 1965), 122.
3. H. B. London Jr. and Neil Wiseman, *Pastors al Greater Risk -Pastores en Gran Riesgo-* (Ventura, CA: Regal Books, 2003), 33-60.
4. Bounds, *the Weapon of Prayer -El Arma de la Oración-*, 125.
5. Bounds, *Power Through Prayer -Poder por Medio de la Oración-*, 75-76.
6. Wagner, *Prayer Shield -Escudo de Oración-*, 9.
7. *Obras de Jonathan Edwards*, Volumen Uno, Seccion III. *Of some particulars that concern all in general, -Sobre algunos asuntos particulares que conciernen a todos en general.* http://www.ccel.org/ccel/edwards/works1.ix.vi.iii.html.
8. Jonathan Edwards, "The True Excellency of a Gospel Minister," -La Verdadera Excelencia de un Ministro del Evangelio- http://www.biblebb.com/files/*edwards*/theminister.htm.
9. John Maxwell, *Partners in Prayer -Compañeros de Oración-* (Nashville, TN: Thomas Nelson, 1996), 1.
10. Max Lucado, citado en Maxwell, prólogo.
11. Charles Spurgeon, citado en W. Y. Fullerton, *Charles Haddon Spurgeon* (Chicago: Moody Press, 1966), 262.
12. Citado en Maxwell, 7.
13. Charles G. Finney, *Memoirs of Revivals of Religion: Published as An Autobiography* 1876 *-Memorias de Avivamientos Religiosos: Publicada como una Autobiografía-* , Gospel Truth, http://www.gospeltruth.net/1868Memoirs/memoirsindex.htm.
14. Charles G. Finney, *Principles of Prayer -Principios de Oración-* (Minneapolis: Bethany House, 1980), 74.
15. D. L. Moody, as quoted in William R. Woody, *The Life of Dwight L. Moody* (New York: Fleming H. Revell, 1900), 152.
16. William R. Moody, 153-54.

17. Nancy Pfaff, "Christian Leadership Attributes Dynamic Increase in Effectiveness to the Work of Intercession," -El Incremento Dinámico de los Atributos del Liderazgo Cristiano para la Efectividad en la Obra de la Intercesión- *Journal of the American Society for Church Growth -Revista de la Sociedad Americana para el Crecimiento de la Iglesia-*, 1990 edition, 82.

Capítulo Cinco

1. Red Global de Pastores, Revista de Agosto 2004, xxx.
2. Citado en S. Daniel y M. Rogers, "Burnout and the Pastorate...," -El Cansancio extreme en el Pastorado- *Journal of Psychology and Theology* 9 *-Revista de Sicología y Teología-*, no. 3 (1981): 232-49.
3. "Coming Out of the Dark: Two Pastors' Journey out of Depression," -Saliendo de la Oscuridad: La Travesías de Dos Pastores para Salir de la Depresión- Wayde I. Goodall y E. Glenn Wagner, *Enrichment Journal*, http://enrichmentjournal.ag.org/200603/200603_040_journey_pastors.cfm.
4. Citado por Dustin Benge, "A Dirty Little Secret-Pastoral Depression," -Un Terrible Secreto: La Depresión Pastoral- Agosto 28, 2007, http://pastorandpeople.wordpress.com/2007/08/28/a-dirty-little-secret-%E2%80%93-pastoral-depression/.
5. Gordon, *Quiet Talks on Prayer -Charlas Tranquilas sobre la Oración-* , 214.
6. Martín Lutero, http://thinkexist.com/quotation/pray-and_let_god/160770. html.
7. Basil Miller, 51.
8. George Müller, citado en Basil Miller, 47.
9. Ibid., 59.
10. Lyle W. Dorsett, *A Passion for Souls: A Life of D. L. Moody -Pasión por las Almas: La Vida de D. L. Moody-* (Chicago: Moody Press, 1997), 362-64.
11. Billy Graham, *Just As I Am -Tal Como Soy-* (New York: HarperCollins, 1997), 148-49.
12. Ibid. 150.
13. Ibid. 155.
14. Ibid. 158.

Capítulo Seis

1. Epifanio, citado en Duewel, *Mighty Prevailing Prayer -La Oración Poderosa que Prevalece-*, 180.
2. Augustín, "The Church's Discipline as to Fasting and Abstinence" -La Disciplina de la Iglesia para el Ayuno y la Abstinencia- de *St. Augustine's Prayer Book -Libro de Oración de San Agustín-*, http://www.episcopalnet.org/TRACTS/fasting.html.
3. *Luther's Little Instruction Book -Pequeño Libro de Instrucción de Lutero-* (The Small Catechism -El Pequeño Catecismo- de Martín Lutero traducido en 1994 para Project Wittenberg por Robert. E. Smith), http://www.fullbooks.com/Luthers-Little-Instruction-Book-The-Small.html.
4. Juan Calvino, *Instituciones de la Religión Cristiana*, Libro 4. Capítulo 12, Sección 15, http://www.island-of-freedom.com/caquotes.htm.
5. Arthur Wallis, *God's Chosen Fast -El Ayuno que Dios Escogió-*, (Fort Washington, PA: Christian Literature Crusade, 1968), 29-30.
6. Duewel, xxx.
7. Elmer Towns, *Fasting for Spiritual Breakthrough -Ayunar Para Tener un Despertar Espiritual-* (Ventura, CA: Regal Books, 1996), 26.
8. Elmer Towns, *Knowing God through Fasting -Conociendo a Dios por Medio del Ayuno-* (Shippensburg, PA: Destiny-Image, 2002), tabla de contenidos.
9. Duewel, *Mighty Prevailing Prayer -La Oración Poderosa que Prevalece-*, 183.
10. Elmer Towns y Douglas Porter, *The Ten Greatest Revivals Ever -Los Diez Avivamientos Más Grandes de la Historia-* (Ann Arbor, MI: Servant Publications, 2000), 63.
11. Duewel, *Revival Fires -El Fuego del Avivamiento-*, 49-80.
12. Ibid. 92-93.
13. Towns y Porter, 123.
14. Jerry Falwell, citado en Elmer Towns, *Fasting Can Change Your Life -El Ayuno Puede Cambiar su Vida-* (Ventura, CA: Regal Books, 1998), 19.
15. Ibid. 19-20.
16. Ibid. 20.
17. Ronnie Floyd, citado en Towns, *Fasting Can Change Your Life -El Ayuno Puede Cambiar su Vida-*, 238.

18. Bill Bright, *The Transforming Power of Fasting and Prayer –El Poder Transformador del Ayuno y la Oración-* (Orlando, FL: New Life Publications, 1997), 18.
19. Bill Bright, "Your Personal Guide to Fasting and Prayer," –Su Guía Personal para el Ayuno y la Oración- http://www.billbright.com/howtofast/.
20. Bill Bright, citado en Towns, *Fasting Can Change Your Life –El Ayuno Puede Cambiar su Vida-*, 104.

Capítulo Siete

1. Howard y Geraldine Taylor, 14.
2. La hermana de Hudson Taylor, citado en Howard y Geraldine Taylor, 18.
3. Charles Spurgeon, *God's Checkbook: Daily Drawing on God's Treasury –La Chequera de Dios: Haciendo Retiros Diarios del Tesoro de Dios-* (Chicago: Moody Press, 1965). Ii.
4. Ibid.
5. Citado en W. Y. Fullerton, 263.
6. Ibid.
7. Ibid.
8. Barbara Hudson Powers, *The Henrietta Mears Story* (Old Tappan, NJ: Fleming H. Revell, 1957), http://www.ccel.us/mears.ch14.html.
9. Duewel, *Touch the World –Toque el Mundo-*, 146.
10. Ibid. 147.
11. Charles Finney, *Power from on High –Poder de lo Alto-* (Ft. Washington, PA: Christian Literature Crusade, 1944), 31.
12. John R. Rice, *Prayer: Asking and Receiving -La Oración: Pedir y Recibir-* (Murfreesboro, TN: Sword of the Lord, 1943), 147.
13. Ibid. 154-56.
14. Skinner, 317.
15. Rice, 236.
16. Ibid. 240.
17. Ibid. 249.
18. Ibid.

Capítulo Ocho

1. C. H. Spurgeon, *The Treasury of David –El Tesoro de David-*, Volumen V, Salmos 104-18 (Grand Rapids, MI: Baker Book House, 1981), 159.
2. Adolph Saphir en *Lectures on the Lord's Prayer –Conferencias sobre la Oración del Señor-*, citado en Spurgeon, 173.
3. Yonggi Cho, citado en Elmer Towns, *Praying the Lord's Prayer for Spiritual Breakthrough -Orando la Oración del Señor para un Despertar Espiritual-* (Ventura, CA: Regal Books, 1997), xxx.
4. Sam Wellma, *Corrie ten Boom: Faith amidst Fear -Fe en medio del Temor-* (Uhrichsville, OH: Barbour Publishing, 1995), 152-55.
5. Jerry Falwell, *Falwell: An Autobiography –Una Autobiografía-* (Lynchburg, VA: Liberty House Publishers, 1997), 202.
6. Ibid. 210-12.
7. Augustin de Hipona, *Sermones* 336, 1 PL 38, 1472.
8. Duewel, *Touch the World –Toque el Mundo-*, 141.
9. *Diario de Juan Wesley*, "Wesley's Last Hours: By One Who Was Present," –Las últimas horas de Wesley: Por Alguien que Estaba Presente- http://www.ccel.org/ccel/wesley/journal.vi.xxi.html.
10. Juan Bunyan, "What Prayer Is," –Qué es la Oración- Acadia Online Juan Bunyan Library, http://acacia.pair.com/Acacia.John.Bunyan/Sermons,Allegories/Discourse.Touching.Prayer/2.html.
11. John R. Rice, *Prayer: Asking and Receiving –La Oración: Pedir y Recibir-*, 47.
12. Ibid. 67.
13. Skinner, 89.
14. Ibid. 119.
15. George Müller, *Release the Power of Prayer –Libere el Poder de la Oración -* (New Kensington, PA: Whitaker House, 1999), contra portada.

Capítulo Nueve

1. Charles Spurgeon, "Pray without Ceasing," –Orad sin Cesar- http://www.spurgeon.org/sermons/1039.htm.
2. Fullerton, 149.

3. Ibid.
4. Wayland Hoyt, citado en Fullerton, 150.
5. George Müller, citado en Basil Miller, 59.
6. Ibid. 77.
7. Ibid. 79.
8. Ibid.
9. D. L. Moody, *Prevailing Prayer -Oración que Prevalece-* (Chicago: Moody Press, 1970), 91-92.
10. Martín Lutero, *A Simple Way to Pray -Una Forma Sencilla de Orar-* (Louisville: Westminster Knox Press, 2000), 56.
11. William T. Ellis, *"Billy" Sunday: the Man and His Message -Billy Sunday: El Hombre y su Mensaje-* (Chicago: Moody Press, 1959), 125.
12. Ibid. 126.
13. Ibid.
14. Ibid. 127.
15. Ethel May Baldwin y David Benson, *Henrietta Mears and How She Did It -Henrietta Mears y Cómo lo Logró-* (Glendale, CA: Regal Books, 1967), 93.
16. Ibid. 125-26.
17. Alan Millwright, *Brother Andrew: God's Undercover Agent -El Hermano Andrés: El Agente Secreto de Dios-* (Uhrichsville, OH: Barbour Publishing, 1999), 102.
18. Ibid. 106-7.
19. John Dawson, *Taking Our Cities for God -Ganemos Nuestras Ciudades para Dios-* (Lake Mary, FL: Creation House, 1989), 29-29.